早稲田教育叢書 36

古典「漢文」の教材研究

堀 誠 編著

学文社

目次

第二部〔漢字・漢語の指導〕

序章

堀　誠

早稲田大学教育総合研究所の採択による「古典『漢文』の教材研究」部会は二〇一四・二〇一五年度の二年間にわたって活動したが、その期間はまさに現行（二〇一七年度現在）の『学習指導要領』（小中学校…二〇〇八年三月告示、高等学校・特別支援学校…二〇〇九年三月告示）の実施・進行の過程にあり、二〇一一年度には小学校が、二〇一二年度には中学校がその教科書の一斉使用を開始し、高等学校は、二〇一三年度から学年進行で新たな教科書が使用開始された。その新指導要領の趣旨は、社会を生きる子どもたちの教育的充実をはかることにあり、「伝統文化の教育」が重視された。この方針は、二〇〇六（平成十八）年に六十年ぶりに改正された「教育基本法」の前文第二段落に、

我々は、この理想を実現するため、個人の尊厳を重んじ、真理と正義を希求し、公共の精神を尊び、豊かな人間性と創造性を備えた人間の育成を期するとともに、伝統を継承し、新しい文化の創造を目指す教育を推進する。

第二条（教育の目標）第五項において、

伝統と文化を尊重し、それらをはぐくんできた我が国と郷土を愛するとともに、他国を尊重し、国際社会の平和と発展に寄与する態度を養うこと。

と明記されることに基づいて、国語科に関していえば、小学校高学年に漢文の学習が盛りこまれ、高等学校では総

合的な言語能力を育成する「国語総合」が共通必履修科目となり、高等学校在学者の全員が古典教材を学ぶことになった。実は、この方針の策定に先立って二〇〇七（平成十九）年度には、国立教育政策研究所が二〇〇五（平成十七）年度に全国規模で実施した「教育課程実施状況調査」の結果が報告され、「生徒質問紙調査」の「古文は好きだ」・「漢文は好きだ」の質問に対する「そうは思わない」・「どちらかといえばそう思わない」との否定的な回答をした生徒は、古文が七十二・六％、漢文が七十一・二％であり、二〇〇二（平成十四）年度の調査における古文が七十四・八％、漢文が七十・五％と同様の数値であった。その七割を超える古文嫌い・漢文嫌いの高校生の度合いは、いわゆる理数の教科を押さえてトップでもあり、これをどう受けとめて国語教育、とりわけ古典教育を考えればよいのか、ショックと困惑を覚えた向きも少なくないであろう。

こうした教育環境の中で、古典の漢文教材がどのように採られ、学ばれているか。また、高等学校で「国語総合」が共通必履修科目となり、古典学習が必須となる環境の中で、どのような教材学習の可能性が見出しうるか。よりよい国語教育の観点から考えるべき課題は少なくないといえる。

一、小学校教科書

『小学校学習指導要領』（二〇〇八（平成二十）年三月告示）第2章「各教科」第1節「国語」第2「各学年の目標及び内容」における〔第5学年及び第6学年〕の2「内容」〔伝統的な言語文化と国語の特質に関する事項〕（1）ア「伝統的な言語文化に関する事項」で、

（ア）親しみやすい古文や漢文、近代以降の文語調の文章について、内容の大体を知り、音読すること。

（イ）古典について解説した文章を読み、昔の人のものの見方や感じ方を知ること。

を挙げ、『小学校学習指導要領解説国語編』（二〇〇八（平成二十）年六月）第1章「総説」3「国語科改訂の要点」（5）「伝統的な言語文化に関する指導の重視」においては、「例えば、低学年では昔話や神話・伝承など、中学年では易しい文語調の短歌や俳句、慣用句や故事成語、高学年では古文・漢文などを取り上げている。」と低・中・高の学年間の展開を示している。この『小学校学習指導要領』は、二〇一一（平成二十三）年度から全面実施され、ここに小学校高学年での音読や暗唱を重視した「易しい古文や漢詩・漢文」による古典の学習環境が生まれたが、その高学年の教科書を具体的に検討してみると、漢文に関しては、五年ないし六年の一学年のみで学ばせるものと、五年・六年の二学年にわたって学習させるものとに大別される。そこには、いかなる漢文の教材が採られているか。

　小学校の教科書五種の中で、五年生で一気に漢詩・漢文を学ばせるのが教育出版「ひろがる言葉　小学国語5上」である。「三　日本語のひびきを味わう〔文化〕」の「漢文に親しむ」で、「春暁」（孟浩然）・「静夜思」（李白）・「故きを温ねて新しきを知る」（『論語』）・「心焉に在らざれば視れども見えず　聴けども聞こえず　食らえども其の味を知らず」（『大学』）によって漢文ならびに日本人の受容を丹念に導入し、「漢文を読もう」では、「春夜」（蘇軾）・「江南春」（杜牧）・「山亭夏日（高駢）の三首、『論語』から「学びて時に之を習う、亦た説ばしからずや。朋の遠方より来たるあり、亦た楽しからずや。」「吾十有五にして学に志す。三十にして立つ。四十にして惑わず。五十にして天命を知る。六十にして耳順う。七十にして心の欲する所に従いて矩を踰えず。」を加えて重層化させる。

　これに対して、六年で学ばせるのが東京書籍「新しい国語六上」である。〔日本の言の葉〕「漢文を読んでみよう」で、「百聞は一見にしかず」という言葉から「漢文」について簡明に導入し、「声に出して読もう」において、「一を聞きて以つて十を知る。」・「子曰はく、『故きを温めて新しきを知らば、以つて師となるべし。』と。」（『論語』）、「一に曰はく、和を以つて貴しとし、さかふること無きをむねとせよ。」（聖徳太子「十七条の憲法」）・「春暁」（孟浩然）で構成している。

また、学校図書は「小学校国語六年上」で漢文を採り上げるが、「漢詩を味わおう」において「歳月は人を待たず」という言葉の引用例から「漢詩の名句」に展開させ、「胡隠君を尋ぬ」（高啓）の一首を扱う。

上記三社に対して、五年・六年の二学年にわたって学習させるのが光村図書と三省堂である。光村図書は「国語五　銀河」「声に出して楽しもう　論語」で、「子曰はく、『己の欲せざる所は、人に施すこと勿れ。』と。」・「子曰はく、『過ちて改めざる、是を過ちと謂ふ。』と。」・「子曰はく、『学びて思はざれば、則ち罔し。思ひて学ばざれば、則ち殆し。』と。」を学習し、「国語六　創造」〔季節の言葉〕において、「春暁」（孟浩然）、「静夜思」（李白）を用意するが、各学年での導入文は特に用意されず、直にテキストが提示される。

また、一学年二冊（本編・資料編）の構成をとる三省堂は、五年の資料編「小学生の国語五年　学びを広げる」の「〔読書の時間〕漢詩」に「絶句」（杜甫）・「春暁」（孟浩然）の漢詩二首を用意し、六年の本編「小学生の国語六年」「声に出して読もう―漢文〔言語文化〕」で「漢文」について導入し、『論語』から「学びて時にこれを習う、亦《ま》た説《よろこ》ばしからずや。朋《とも》あり、遠方より来たる、亦た楽しからずや。」・社名ゆかりの「吾れ日に三たび吾が身を省る。」・「故きを温めて新しきを知る、以て師と為るべし。」・「仁者は必ず勇有り。勇者は必ずしも仁有らず。」・「己の欲せざる所は人に施すこと勿れ。」を学ぶ。ただし、本編に対して資料編の実質的な扱いは微妙にして不透明な状況にあろう。

以上を要するに、扱われる教材としては『論語』が少なくない。漢詩は詩型としては絶句のみが採られ、特定の作品への著しい偏向性は認められない。ただ、いずれも中学校および高等学校の教材でも採られるもので、その先行導入的な学習とでもいった意味合いが強いように思われる。[1]

「静夜思」（李白）・「春暁」（孟浩然）＝二社

「胡隠君を尋ぬ」（高啓）・「春夜」（蘇軾）・「江南春」（杜牧）・「山亭夏日」（高駢）・「絶句」（杜甫）＝一社

この国語科教科書の一方で特異な存在であるのは、二〇〇四年に構造改革特区「世田谷『日本語』教育特区」に認定された世田谷区の小学校「日本語」教材である。同区教育委員会が編集刊行する「日本語一・二年」「同三・四年」「同五・六年」の三冊構成（二〇〇七年三月刊）で、一年次から「日本語の響きやリズムを楽しもう」のタイトルで『論語』と漢詩を適宜学習する。漢詩は都合二十五首が採り上げられる。〈　〉は掲載番号。

〔一年〕　二首＝〈2〉「胡隠君を尋ぬ」高啓・「絶句」杜甫

〔二年〕　三首＝〈2〉「春暁」孟浩然、〈7〉「竹里館」王維、〈11〉「静夜思」李白

〔三年〕　五首＝〈2〉「江南の春」杜牧、〈4〉「客中初夏」司馬光、〈6〉「秋風の引」劉禹錫・「独り敬亭山に坐す」李白、〈10〉「鹿柴」王維

〔四年〕　五首＝〈2〉「元二の安西に使いするを送る」王維、〈6〉「早に白帝城を発す」李白、〈9〉「廬山の瀑布を望む」李白、〈11〉「山行」杜牧・「黄鶴楼にて孟浩然の広陵に之くを送る」李白

〔五年〕　五首＝〈3〉「偶成」朱熹・「秋日」耿湋・「芙蓉楼にて辛漸を送る」王昌齢、〈11〉「江亭」杜甫・「香炉峰下、新たに山居をトし、草堂初めて成り、偶たま東壁に題す」白居易

〔六年〕　五首＝〈3〉「楓橋夜泊」張継・「晁卿衡を哭す」李白、〈6〉「春望」杜甫、〈10〉「桂林荘雑詠」広瀬淡窓・「春暮」良寛

国語科教科書で採り上げる詩篇の数は多くても三首であることからすれば、「日本語」の掲載数は『論語』の章段[2]とも相俟って桁違いで通常の国語の学習に増して古典への接近が積極的にはかられている。

二、中学校教科書

『中学校学習指導要領』（二〇〇八（平成二十）年三月告示）第2章「各教科」第1節「国語」第2「各学年の目標及び内容」の〔第1学年〕2「内容」における〔伝統的な言語文化と国語の特質に関する事項〕（1）ア「伝統的な言語文化に関する事項」では、

（ア）文語のきまりや訓読の仕方を知り、古文や漢文を音読して、古典特有のリズムを味わいながら、古典の世界に触れること。

（イ）古典には様々な種類の作品があることを知ること。

との小学校の学習を承けた導入的な内容が盛られ、〔第2学年〕からは「古文や漢文」という文言は消えて「古典」という語に集約され、

（ア）作品の特徴を生かして朗読するなどして、古典の世界を楽しむこと。

（イ）古典に表れたものの見方や考え方に触れ、登場人物や作者の思いなどを想像すること。

と「古典の世界」に「触れる」ことを踏まえて「楽しむこと」を説き、〔第3学年〕では、

（ア）歴史的背景などに注意して古典を読み、その世界に親しむこと。

（イ）古典の一節を引用するなどして、古典に関する簡単な文章を書くこと。

と「古典の世界」に「親しむこと」とその活用にいたる指導への展開を示す[3]。

二〇一二年度から中学校の新学習指導要領による教育が始まっているが、その五種類の中学国語科教科書の第一学年では、いずれも故事成語による漢文の導入がなされる。その教材は、五社ともに「矛盾」（出典は『韓非子』「難

一」篇）を採用し、一社が「五十歩百歩」との二篇で構成する。その他の故事成語を例挙するものもあるが、この故事成語による導入と同時に、第二学年、第三学年の教材にあっては、中国文学の精華とも称される「唐詩」の代表的な詩篇による漢詩教材を採用している。ただし、その配当は、二年生で扱うか、三年生で扱うかに二分される。二年生の教材とするのは、光村図書・東京書籍・三省堂の三社であり、三年生の教材とするのは教育出版・学校図書の二社である。順にいかなる詩人の、いかなる詩篇を採用しているのかを具体的に示しておきたい。

光村図書「国語2」「5　いにしえの心を訪ねる」「漢詩・解説」は、「漢詩の風景」と「律詩について」で構成する。石川忠久の書きおろしになる「漢詩の風景」は、旧学習指導要領でも用いられていた漢詩の教材である。今次の「国語2」では従来の詩篇四首から日本の広瀬淡窓「桂林荘雑詠　諸生に示す」を削減して、「春暁」（孟浩然）・「絶句」（杜甫）・「黄鶴楼にて孟浩然の広陵に之くを送る」（李白）の中国の詩篇三首を取り上げて解釈・説明を展開する。と同時に、三首とも絶句であることから、「律詩について」を用意し、「春望」（杜甫）を取り上げ、唐詩の理解を深化する配慮をはらっている。

東京書籍「新しい国語2」「漢詩」では、「春望」（杜甫）・「黄鶴楼にて、孟浩然の広陵に之くを送る」（李白）の二首により漢詩の世界を紹介し、情景や心情をとらえ、表現の特徴を学びながら漢詩の世界を楽しむ。「資料編」には日原傳による書きおろしの「漢詩の世界」を用意して、漢詩を読み、漢詩を味わう発展的な学習を意図している。

三省堂「中学生の国語二年」本編冒頭の「伝統的な言語文化―言語文化を楽しむ」「漢詩の世界」は、「同一年」本編冒頭の「伝統的な言語文化―言語文化にふれる」の「声に出して、さまざまな作品を読もう」における「春暁」（孟浩然）の学習を導入として、「黄鶴楼にて孟浩然の広陵に之くを送る」（李白）・「春望」（杜甫）・「絶句」（杜甫）という李杜の三首を通して、「情景や作者の心情などを想像しながら、朗読を工夫して、その世界を味わおう。」としている。加えて、新たに学年ごとに別冊「学びを広げる〔資料編〕」を設け、「言語文化篇」「詩の音読・暗唱」において、一年で「早に白帝城を発す」（李白）、二年で「鹿柴」（王維）、三年で「江南の春」（杜牧）を発展的な音読・暗唱教材に採用している。

三年生で漢詩教材を登場させる二社の中で、学校図書「中学校国語3」「4 今に向かって」「漢詩（漢文）」では、「春望」（杜甫）・「元二の安西に使ひするを送る」（王維）・「静夜の思ひ」（李白）」の三篇により、詩の展開や情景、心情を読み取り、また繰り返し朗読することを試みているが、その導入の方法は特徴的で、そうした詩歌に日本人が出会い、それを受容し、あるいは影響を受けてきた事実を積極的にとらえた展開を企図している。

教育出版「伝え合う言葉　中学国語3」「読むこと」「【伝統文化】春の山河（漢詩）」では、「黄鶴楼にて孟浩然の広陵に之くを送る」（李白）・「春望」（杜甫）という李杜の二首を取り上げ、「みちしるべ―学習の手引き」に、形式を知り、言葉の響きやリズムなどに注意して暗唱する、語句の効果的な使い方、表現上の工夫に注意して読む、漢詩にみられる自然や人間に対する感じ方について感想を発表するとの要点を示し、「漢詩について」で絶句、律詩、起承転結、韻を踏む（押韻する）、対句といった基本概念を紹介する。

以上を要するに、中学国語科教材に採られるのは、五詩人・九首の詩篇に過ぎない。

「春望」（杜甫）＝五社、「黄鶴楼にて孟浩然の広陵に之くを送る」（李白）＝四社、「絶句」（杜甫）・「春暁」（孟浩然）＝二社、「元二の安西に使ひするを送る」（王維）・「静夜の思ひ」（李白）・「早に白帝城を発す」（李白）・
「鹿柴」（王維）・「江南の春」（杜牧）＝一社

その中で杜甫「春望」は唯一の律詩であるとともに、五社全社が採用する安定的教材の位置を占めていることには驚かされる。[4] 漢詩という中国古典に対する導入的意味の高い中学教材において、この詩篇が採択されるのは、戦乱による破壊と自然のたくましさのコントラスト、そして日本における詩的共感とその文学的受容が基底に働くものと推測される。杜甫が導入に果たす役割は大きく、一つの中国詩歌のイメージを日本の風土に架橋するものとも思われ、その教材を活かすことは必須であると考えられる。

三、高等学校教科書

二〇一三年度にスタートの新しい『高等学校学習指導要領』下で「共通必履修科目」となる「国語総合」は、「教科の内容の基本となるものを全面的に受けた総合的な言語能力を育成する科目である」と意味づけられている。選択科目である「国語表現」・「現代文A」・「現代文B」・「古典A」・「古典B」の五科目は、原則として「国語総合」を履修した後に履修することになる。『高等学校学習指導要領』（二〇〇九（平成二十一）年三月）第2章「各学科に共通する各教科」第1節「国語」第2款「各科目」第1「国語総合」における3「内容の取扱い」（4）「内容のC（筆者注…「読むこと」）に関する指導については、次の事項に配慮するものとする。」の中で、

ア　古典を教材とした授業時数と近代以降の文章を教材とした授業時数との割合は、おおむね同等とすることを目安として、生徒の実態に応じて適切に定めること。なお、古典における古文と漢文との割合は、一方に偏らないようにすること。

イ　文章を読み深めるため、音読、朗読、暗唱などを取り入れること。

というように、「国語総合」における「古典」を構成する「古文」と「漢文」との割合について明示し、「漢文」の未履修を含めたアンバランスな履修状況を否定している。[5]

この「国語総合」の必履修科目化は今次の改訂の一つの目玉となったが、それがもつ意味として重要なのは、高等学校での「古典」の学習が必須となることにある。したがって、多様化する教学環境の下で教材自体の硬軟の幅

をもたせる、教材数を精選する等々の方策による現実的な対応も必要となろう。中高一貫教育の環境も現実化する中で、新教科書にはいかなる教材が採られているか。作品の選択や配置にも関心がもたれたところである。また「古典A」「古典B」への発展的な架橋も重要な課題となる。

詩文・小説、史伝、思想、言語といった多ジャンルにわたる教材はまさに多彩である。因みに、「国語総合」の詩篇に限っていえば、その教科書（二〇一一（平成二十三）年度検定）は、九社、都合二十三種類のテキストが検定合格となったが、教材として採用された詩篇の総数は三十六首に過ぎない。

「送元二使安西」（王維）＝九社二十一種、「江雪」（柳宗元）＝七社十六種、「涼州詞」（王翰）＝七社十三種、「登鸛鵲楼」（王之渙）＝七社十一種、「春望」（杜甫）・「静夜思」（李白）＝六社十五種、「春暁」（孟浩然）＝六社十三種、「八月十五日夜、禁中独直、対月憶元九」（白居易）＝五社十一種、「香炉峰下、新卜山居、草堂初成、偶題東壁」（白居易）＝五社十種、「絶句」（杜甫）・「山行」（杜牧）・「早発白帝城」（李白）＝三社六種、「江南春」（杜牧）＝三社五種、「山亭夏日」（高駢）・「黄鶴楼送孟浩然之広陵」（李白）＝三社四種、「月夜」（杜甫）＝二社五種、「登高」（杜甫）・「送友人」（李白）・「秋夜寄丘二十二員外」（韋応物）＝二社三種、「登岳陽楼」（杜甫）＝二社二種、「旅夜書懐」（杜甫）・「春夜洛城聞笛」（李白）・「楓橋夜泊」（張継）・「望廬山瀑布」（李白）＝一社二種、「春夜喜雨」（杜甫）・「回郷偶書」（賀知章）・「勧酒」（于武陵）・「九月九日憶山東兄弟」（王維）・「山中与幽人対酌」（李白）・「贈別」（杜牧）・「贈汪倫」（李白）・「代悲白頭翁」（劉廷芝）・「竹里館」（王維）・「登楽遊原」（李商隠）・「芙蓉楼送辛漸」（王昌齢）・「臨洞庭」（孟浩然）＝一社一種

以上の採録詩篇に加えて、詩人ごとに採録詩篇数をまとめてみると、李・杜が八篇・七篇で群を抜いていることが明らかである。

八篇＝李白…「静夜思」・「早発白帝城」・「黄鶴楼送孟浩然之広陵」・「送友人」・「春夜洛城聞笛」・「望廬山瀑布」・

「山中与幽人対酌」・「贈汪倫」

七篇＝杜甫…「春望」・「絶句」・「月夜」・「登高」・「登岳陽楼」・「旅夜書懐」・「春夜喜雨」

三篇＝王維…「送元二使安西」・「九月九日憶山東兄弟」・「竹里館」、杜牧…「山行」・「江南春」・「贈別」

二篇＝孟浩然…「春暁」・「臨洞庭」、白居易…「香炉峰下、新卜山居、草堂初成、偶題東壁」・「八月十五日夜、禁中独直、対月憶元九」

一篇＝韋応物…「秋夜寄丘二十二員外」、于武陵…「勧酒」、王翰…「涼州詞」、王昌齢…「芙蓉楼送辛漸」、王之渙…「登鸛鵲楼」、賀知章…「回郷偶書」、高駢…「山亭夏日」、張継…「楓橋夜泊」、李商隠…「登楽遊原」、柳宗元…「江雪」、劉廷芝…「代悲白頭翁」

「国語総合」に限っての数字であるが、『全唐詩』に収載される唐代詩人は二千九百余人、詩篇は約五万ともいう中で李杜を中心に十七人の詩人の三十六首の詩篇のみで構成されることは、学校教育の環境下とはいえ多少平均的に過ぎる数字のようにも思われる。

＊＊＊＊

二〇一七年度現在のこうした教学環境の中で、古文とともに「古典」を構成する漢文教材に関して、現行の指導要領下の国語科教科書を対象とする研究活動は、小学校、中学校、高等学校で採用される漢文教材を調査し、旧指導要領下の教材との比較考察をも視野に入れつつ、校種間の教学的連携の可能性を含めて、教材をめぐる有効な指導のありようと学習の効果の向上を目的として分析と検討を展開してきた。かつ日中に共通する古典（漢文）教材に関しては、比較教育学的観点からも考察を及ぼすことも試みた。以下には第一部、第二部に分けて各人の研究考察の成果を提示したい。お読みいただくとともに、ご批正いただければ幸甚である。

■注■

（1）『小学校学習指導要領解説国語編』（二〇〇八（平成二十）年七月）第3章「各学年の目標と内容」第3節「第5学年及び第6学年」の〔伝統的な言語文化と国語の特質に関する事項〕においては、対象となる「古文や漢文、近代以降の文語調の文章」に関して、「この内容は、中学校第1学年『（ア）文語のきまりや訓読の仕方を知り、古文や漢文を音読して、古典特有のリズムを味わいながら、古典の世界に触れること。』へとつながっていくものである。」と、中学校への接続・展開性を明示している。

（2）「日本語の響きやリズムを楽しもう」で扱う『論語』の章段の数のみを記す。〔一年〕二章、〔二年〕一章、〔三年〕三章、〔四年〕二章、〔五年〕四章、〔六年〕四章。

（3）『中学校学習指導要領解説国語編』（二〇〇八（平成二十）年六月）第2章3「国語科改訂の要点」（5）「伝統的な言語文化に関する指導の重視」においては、「例えば、第1学年では文語のきまりや訓読の仕方を知って音読すること、第2学年では古典に表れたものの見方や考え方に触れること、第3学年では歴史的背景などに注意して古典を読むことなどを取り上げている。」とポイントを示している。

（4）丁秋娜「日本と中国における「漢文教育」の比較研究―杜甫の「春望」の場合―」（「学術研究（国語・国文学編）」第五十七号、早稲田大学教育学部、二〇〇九年二月刊）は、今次の学習指導要領の改訂を視野に入れ、日中共通教材の比較考察の観点から「春望」をとらえるが、日本の中学校教科書は二〇〇六（平成十八）年度版に依拠したもので、「春望」については「光村図書以外全社に取り上げられている。」と指摘する。

（5）『高等学校学習指導要領解説国語編』（二〇〇九（平成二十一）年十二月）第1章「総説」第1節「改訂の趣旨」3「国語科改訂の要点」（8）「各科目の要点」ア「国語総合」に関しては、その四点目の中に、「読むことの指導のうち、古典と近代以降の文章との授業の割合は、おおむね同等とすることを目安として、生徒の実態に応じて適切に定めるようにしている。古典における古文と漢文との割合は、一方に偏らないようにしている。古典の教材には、古典に関連する近代以降の文章を含めることを明示している。」（傍線筆者）と述べる。

第一部

〔漢文の指導と教材研究〕

第一章

小学校における漢文指導

山本由紀子

一、小学校学習指導要領における漢文

小学校での漢文指導は、二〇〇八（平成二十）年三月告示『小学校学習指導要領』において〔伝統的な言語文化と国語の特質に関する事項〕が設けられ、『小学校学習指導要領解説国語編』（二〇〇八（平成二十）年六月）において「我が国の言語文化に親しむ態度を育てたり、国語の役割や特質についての理解を深めたり、豊かな言語感覚を養ったりする」ための内容が示され、「易しい文語調の短歌や俳句について、情景を思い浮かべたり、リズムを感じたりしながら音読や暗唱をしたりすること」「長い間使われてきたことわざや慣用句、故事成語などの意味を知り、使うこと」をねらいとして始まった。また、「古典の指導については、我が国の言語文化を享受し継承・発展させるため、生涯にわたって古典に親しむ態度を育成する指導を重視する。」とある。小学校では、親しむことに重点が置かれ、そのことは重ねて示されている。

（イ）　言語文化としての古典に親しむ態度を育成する指導については、易しい古文や漢詩・漢文について音読や暗唱を重視する。

（ケ）　教材については、我が国において継承されてきた言語文化に親しむことができるよう、長く親しまれている和歌・物語・俳諧、漢詩・漢文などの古典や、物語、詩、伝記、民話などの近代以降の作品を取り上げるようにする。

学年段階ごとでいえば、「伝統的な言語文化は、創造と継承を繰り返しながら形成されてきた。それらを小学校から取り上げて親しむようにし、我が国の言語文化を継承し、新たな創造へとつないでいくことができるよう内容を構成している。例えば、低学年では昔話や神話・伝承など、中学年では易しい文語調の短歌や俳句、慣用句や故事成語、高学年では古文・漢文などを取り上げている。」とある。

各学年における〔伝統的な言語文化に関する事項〕は、次のように記載される。

第1学年及び第2学年
（ア）　昔話や神話・伝承などの本や文章の読み聞かせを聞いたり、発表し合ったりすること。
第3学年及び第4学年
（ア）　易しい文語調の短歌や俳句について、情景を思い浮かべたり、リズムを感じ取りながら音読や暗唱をしたりすること。
（イ）　長い間使われてきたことわざや慣用句、故事成語などの意味を知り、使うこと。
第5学年及び第6学年
（ア）　親しみやすい古文や漢文、近代以降の文語調の文章について、内容の大体を知り、音読すること。 （イ）　古典について解説した文章を読み、昔の人のものの見方や感じ方を知ること。

各学年の事項では、高学年で漢文を取り上げることが示されているが、あくまでも内容の大体を知り、音読する親しみ方となっている。解説文を通して、見方や感じ方を知ることにも触れられているが、小学校では、漢文への親しみが重視されていることが分かる。

これは、二〇一七（平成二十九）年告示の『小学校学習指導要領』においても継続されている。

第5学年及び第6学年

ア　親しみやすい古文や漢文、近代以降の文語調の文章を音読するなどして、言葉の響きやリズムに親しむこと。

イ　古典について解説した文章を読んだり作品の内容の大体を知ったりすることを通して、昔の人のものの見方や感じ方を知ること。

ウ　語句の由来などに関心をもつとともに、時間の経過による言葉の変化や世代による言葉の違いに気付き、共通語と方言との違いを理解すること。また、仮名及び漢字の由来、特質について理解すること

高学年において、以上の事項を身に付けることができるように指導するよう示されているが、「言葉の響き」という事柄が入ったこと、「内容の大体を知ったり」することが、アからイの文章に入ったことの違いがあるが、大きな追加はウの部分で、漢文の扱いについては、今後も基本的なところは変わらない。因みに、「言葉の響き」という概念は、二〇一〇（平成二十二）年告示の『小学校学習指導要領』においては、第一学年及び第二学年の2内容C「読むこと」（1）ア「語のまとまりや言葉の響きなどに気をつけて音読すること。」にも用いられている。音読に際しての留意点を見ると、いわゆる音読の中で体感される「古文や漢文、近代以降の文語調の文章」の音声的な魅力を、改訂前の指導要領に比べ、より強調したもののようにも思われる。

親しむことを重視するのは、小学校で古文が取り入れられる以前に行われた実態調査で、高等学校の生徒の漢文嫌いの多さが原因として挙げられるだろう。（「二〇〇五（平成十七）年教育課程実施状況調査」国立教育政策研究所）

調査によると、実に約七十一%の生徒は、「生徒質問紙調査」の「漢文は好きだ」の設問で「そう思わない」「どちらかといえばそう思わない」と回答している。同じく「生徒質問紙調査」の「国語の勉強が好きだ」の設問で否定的な回答をした生徒が約四十七%であるから、国語は好きでも漢文は好きではない生徒が多いことが分かる。昨今では、大学入試の問題からも漢文の出題が減りつつあり、漢文を学ぶ必要性を感じる生徒は益々低くなっていると思われる。このような漢文嫌い、漢文離れの状況を受けて、小学校段階で親しませることの必要性が求められるようになったのであろう。『小学校学習指導要領』では、あくまでも「親しむ」ことが目標であり、中学校の学習で行われている技能的な学習はない。漢文指導を小学校に取り入れるようになったが、中学校の学習内容を前倒しにしたものではないのである。

二、小学校での漢文指導研究の実態

小学校の場合、中学校、高等学校のように、国語専門の教員が教えるのではなく、全科を担任が担当する。各教科における教員の専門知識量は、例えば大学で理科を専門にしてきた者、体育を専門にしてきた者など、教員一人ひとりの修学履歴によって差がある。各学校で教科を決めて授業研究をする校内研究は、その差を埋めることに役立っている。校内研究は、年によって一つの教科を定めて行うが、校内でニーズの多い教科に定める場合もあり、自治体教育委員会の研究テーマに合わせて行う場合もある。また、教科を定めず「表現力」というように、他教科に渉るものを研究テーマとする場合もある。

校内研究とは別に、東京都の場合、個々には全員が、教員になってから改めて教科を定めて区や市の研究部に入り、研鑽を積むのが通例である。それまで研究してきた分野を選択する場合もあるが、校内事情や様々な理由で全く違う分野の研究を行う場合もある。また、退職まで同じ教科部会に所属することも少なくないが、毎年、登録制となるため、何度か変更する場合もある。小学校の場合の専門性は、かなり流動的な部分があるといえる。

さて、このような小学校の研究において、例えば、校内研究で選ばれるテーマは、児童の実態から力をつける必要があるもの、今日的な課題、『学習指導要領』が改訂される場合などに新たに指導の必要となった教科内容といった傾向がある。何よりも日常的に授業をする教員側の必要性によって決められるのである。

ここで、漢文についてであるが、新たに指導の必要な教科として出てきたものではあるが、ほとんど研究テーマとして掲げられたことはない。

その理由の一つは、同時に他に研究をしなければならない教科内容があったということが挙げられる。大きいところでは「外国語活動」の出現がある。外国語活動は、二〇一一（平成二十三）年度から全面実施された『学習指導要領』のもとで、第五・第六学年で必修化（年間三十五単位時間）された。その活動は、英語を取り扱うことを原則とするもので、担任が行う。指導計画の作成から内容の検討、指導案の作成からＡＬＴ（Assistant Language Teacher 外国語指導助手）との打ち合わせ、またゼロから始まるために教材資料を作成、整備することなど、早急の対応が求められ、現場での大きな比重を占めた。

また、一つには、小学校一年生から六年生の児童に教えるものとして研究テーマを決めるので、高学年で扱う漢文では偏りが出てしまうという難しさをもつ。校内で研究するには、扱いにくいのである。

さらに、一つには、漢文を指導する授業時間が少ないということが挙げられる。例えば、国語の教科書で一番漢文の扱いが多い教育出版の場合、指導書による漢文の学習指導計画例は僅か三時間扱いである。高学年の全教科の標準時間九百八十時間、国語の標準時間百七十五時間のうち、三時間となると、年間を通して研究するテーマとしては、日常の学習指導における還元率が低い。

そのため、国語の研究部でも、古文・漢文を研究テーマとすることはほとんどない。多くは、文学作品や説明文の読み取り指導や、話す・聞く指導、書く指導が繰り返し挙げられる。校内研究で中心となるのは、各部会に所属する教員であることが多いが、国語部に所属していても、古文・漢文の研究事例が圧倒的に少ないため、中心となりにくい。もちろん、これまで研究していなかったことを研究する場合もあるので（ＩＣＴの登場など）、それが理由とはならないが、自然と小学校においては、漢文の研究は進まない実態があるのである。

三、小学校教科書における漢文の指導

このような中で、漢文に親しむ指導をするに当たって、各教員によって工夫が加えられていくことになるのだが、そもそも小学校の教科書に漢文はどのように登場したかと言えば、各教科書によって選択の仕方、分量が様々である。漢文に「親しむ」ことに重きが置かれるだけで、習得すべきものが必ずしも具体的に示されていないことから、ゆるやかな選択規準をそれぞれに立てての編集となっているようだ。漢文も書き下し文と現代語訳が載っているので、漢文の理解における困難さをなくし、より内容に向き合いやすい紹介のされ方をしている。漢文の原文が示される場合は、補助的な参考として示され、読み方の指導には用いていない。

教科書比較では、現行の二〇〇八（平成二十）年三月告示『小学校学習指導要領』の下で使用される五社の教科書の内容を比較してみたい。

光村図書では三年生で付録のページに「知ると楽しい故事成語」として「蛇足」「五十歩百歩」「漁夫の利」が一ページで紹介されている。付録のページであるので、各学校の年間指導計画の中に入っていないこともある。四年生での扱いはなく、五年生で『論語』、孟浩然「春暁」を紹介している。六年生では漢文の扱いはない。なお、平

成二十三年度版教科書では、六年生の教科書にも、「季節の言葉」の語彙を増やすねらいで、孟浩然「春暁」、李白「静夜思」を春、秋の詩として紹介していたが、現教科書では、もともと『論語』を紹介していた五年生の中に、孟浩然「春暁」を取り入れ、六年生の李白「静夜思」は、省かれている。

東京書籍では四年生の「『ことわざブック』を作ろう」の中で、故事成語「五十歩百歩」を四コマ漫画で説明し、「漁夫の利」「蛇足」「矛盾」については言葉のみを紹介している。故事成語の部分は、五頁中の一頁で、単元としては六時間扱いとなっている。五年生で古文が中心となり、六年生ではっきりと「日本の言の葉　漢文を読んでみよう」と単元名として挙げ、『論語』から「一を聞いて十を知る」「温故知新」、『十七条の憲法』、孟浩然「春暁」を紹介している。ここでは、白文も合わせて掲載している。

三省堂では、四年生で「故事成語の物語」を書く単元として四頁十二時間扱いで挙げ、故事成語「漁夫の利」の物語を含めて紹介し、「矛盾」「五十歩百歩」「推敲」の言葉を紹介している。調べて想像を膨らませ、物語を書く指導内容となっている。五年生では、「漢字辞典で受けつぐ日本の文化」として、二頁で故事成語の漢字辞典での調べ方が載っている。漢字辞典のページとして、「登竜門」「他山の石」の説明がある。「水魚の交わり」「太公望」「助長」については、意味や由来を調べる課題として掲げられている。五年生の教科書別冊『学びを広げる』に「読書の森　漢詩」のページがあり、杜甫「絶句」と孟浩然「春暁」が白文と共に紹介されている。六年生で「声に出して読もう　漢文」で二頁に『論語』から五つ紹介されている。

学校図書では、四年生でことわざ、故事成語、四字熟語にコラム的に触れている。「蛇足」の使用例を会話文形式で説明し、「蛍雪の功」「五十歩百歩」「漁夫の利」「温故知新」の言葉については調べて同様の使用例を作成する課題として挙げられている。六年生で「言葉の文化を体験しよう　漢詩」で、「歳月は人を待たず」という語の引用から、高啓「胡隠君を尋ぬ」が白文と共に掲載されている。

教育出版では、四年生の「故事成語」という単元で、「五十歩百歩」の由来が読み物資料として紹介され、「漁夫の利」「蛇足」「矛盾」については、四コマ漫画になって説明されている。他に「背水の陣」「推敲」「杞憂」「他山の石」「助長」「守株」「朝三暮四」「蛍雪の功」と、他の教科書に比べて故事成語の紹介数が多く、全部で六ページにわたっている。五年生では、「漢文に親しむ」という単元で、日本語の響きを味わうねらいで、孟浩然「春暁」、蘇軾「春夜」、李白「静夜思」、『論語』、『大学』が掲載されている。「春暁」のみ白文がある。湯島聖堂の講義風景の絵や湯島聖堂の建物の写真も掲載され、これも六頁にわたっている。漢文の扱いは、五社中一番多い。だが、六年生では主に古文を中心として漢文の紹介はない。

〔「小学校国語」教科書における漢文教材の比較表〕

表中の（補）は、教科書に教材の単元として掲載されているものではなく、コラムや付録として補足的に紹介されている資料である。授業で発展的に扱われることはあるが、主たる扱いではない。

	三年生	四年生	五年生	六年生
光村図書	（補）故事成語「蛇足」「五十歩百歩」「漁夫の利」		『論語』、孟浩然「春暁」	
東京書籍		故事成語「五十歩百歩」「漁夫の利」「蛇足」「矛盾」		『論語』「一を聞いて十を知る」「温故知新」、『十七条の憲法』、孟浩然「春暁」

三省堂		故事成語「漁夫の利」「矛盾」「五十歩百歩」「推敲」	故事成語「登竜門」「他山の石」「水魚の交わり」「太公望」「助長」 （補）別冊、杜甫「絶句」、孟浩然「春暁」	『論語』から五つ
学校図書		（補）ことわざ・故事成語・四字熟語「蛇足」「蛍雪の功」「五十歩百歩」「漁夫の利」「温故知新」		「歳月は人を待たず」の引用から、高啓「胡隠君を尋ぬ」
教育出版		故事成語「五十歩百歩」「漁夫の利」「蛇足」「矛盾」「背水の陣」「推敲」「杞憂」「他山の石」「助長」「守株」「朝三暮四」「蛍雪の功」	孟浩然「春暁」、蘇軾「春夜」、李白「静夜思」、『論語』、『大学』	

このように、検定教科書であっても、一律の扱いではない。学年が違ったり、分量が違ったりしている。単元として掲げているか、コラム、付録として補助的な資料となっているかの違いも大きい。

故事成語は光村図書は三年生から紹介されているが、多くは四年生となっている。四年生から漢字辞典の引き方などの指導をするので、故事成語の意味調べをすることで、字引の練習も兼ねることができ、自然な展開となる。

教育出版の実際の授業例としては、書き下し文を音読をしたり、繰り返しのリズムを楽しんだり、昔の人のものの見方や感じ方と自分たちとの共通点や相違点を考えたり、同じテーマの詩の情景を比べながら世界観を想像したりする授業が展開されている。デジタル教科書には、一部中国語による音読もあり、韻をふむ「音の響き」を感じさせることができるようになっている。

教育出版では、漢文は五年生教科書の上巻に載っているが、同じ五年生の下巻には、「古典を楽しむ」という単元で、「竹取物語」「平家物語」「伊曽保物語」の書き下し文と現代語訳、日本の伝統芸能として狂言、能、人形浄瑠璃、歌舞伎の写真に、八頁使われている。六年生では漢文の紹介はないが、『枕草子』『万葉集』、正岡子規の短歌と俳句、夏目漱石『坊っちゃん』、芥川龍之介『杜子春』と、古文から近代文学まで紹介されている。漢文だけではなく、声に出して日本語の言い回しの面白さや美しさなどを味わい、伝統的な文化を体験することができるようになっている。

小学校では、中学・高等学校のように漢文の原文（白文）を読む指導は求められていないので、文法事項にとらわれず、現代語訳をした内容に浸ることができる。教科書には現代語訳が合わせて記載されているので、漢文を漢文としてさほど意識する必要もなく、抵抗感はほとんどない。児童の実態を見ると、日常の遊びの中で、コンピューターゲームを通して『三国志』や『史記』などに興味をもち、漢文に対する関心が高い児童もいる。漢文で表されているものが、時代を超えて現代に通じるものとして認識され、児童にとっては親近感がもてるものになっている。

だが、小学校の漢文の指導は教科書によっての違いが大きい上に、そもそも小学校の漢文の授業の研究数が少ない。また、中学・高等学校との共同研究もない。現段階では、小学校で漢文に親しんだ結果、中学・高等学校へうまく橋渡しができているのか、高等学校での漢文嫌いの解消に繋がっているのかは、検証ができていない。今後、改めて課題として見ていきたい。

第二章

自ら学ぶ漢文教育の導入教材
――中学から高校への展開の試み――

宮　利政

一、はじめに

漢文教育は、高等学校「国語総合」から本格的に開始される。一方、中学校では各学年の教科書で一単元が設けられ、「故事成語・唐詩・論語」といった教材を用い、暗唱や鑑賞を中心とした授業展開が多い。教科書では他にも、漢字の音訓や成り立ち、部首についてコラムで触れているが、扱われないことも多いと聞く(1)。

こうした状況のなか、漢文教育の導入において、どのような教材・展開が望ましいのか試行錯誤されている方も多いのではなかろうか。かくいう筆者も、訓点を機械的に練習する問題や格言を用いた導入など、教科書に則った導入を試してみた。しかし、教員から生徒への一方的な教授形式になりやすく、将来に亘って古典に親しむ態度を育成する出発点としては心許ないものであった。

そこで、一方的になりがちな導入期の授業において、生徒が主体的かつ深く学ぶ方法がないかと考え、辿り着いたのが以下の実践例である。

二、「国語総合」における漢文教育の導入

高等学校「国語」の必履修科目である「国語総合」の教科書は、平成二十九年度には九社二十四種が出版されている。[2]まずは各社の漢文教育の導入方法を俯瞰してみたい。

冒頭には、「漢文を学ぶために」（筑摩書房）、「なぜ漢文を学ぶのか」（明治書院）、「漢文の世界へ」（三省堂）、「漢文のすすめ―未来を考えるヒント」（大修館）といった具合に漢文を学ぶ意義についての短文が採録されている。

漢文を学ぶ意義として、

① 漢文は簡潔に本質を突く智恵の宝庫である。
② 漢文は過去との対話を通じて現在・未来を考えるヒントである。
③ 漢文は日本の言葉と文化に多大なる影響を与えている。

といったことが具体例を交えつつ述べられている。漢文を学び始めるにあたり、多くの生徒が「なぜ漢文を学ぶのか」という疑問を抱くことを予想しての対応である。入試の二次試験で漢文を課す大学・学科が減少するなか、「中国の古典文」である漢文を学ぶ意義を生徒が感じにくいのも致し方がない。[3]ただ、教科書に採録された「漢文を学ぶ意義」が生徒の漢文を学ぶ意欲を高めるかどうかについては佐藤正光（二〇一七）が指摘するように検証の余地があるだろう。[4]

学ぶ意義に次いでは、訓読の基本についての記述がくる。送り仮名と返り点の法則、返読文字・再読文字・置き字といった助字の役割が短い格言を用いて説明されている。中には東京書籍や三省堂、明治書院のように「熟語の

構造」に焦点をあて、身近な熟語をどう訓読するか考える過程で漢文の構造について日本語の語順と異なる点を詳しく説明するもの(5)もあり、筆者としては授業に活かしやすく助かっている。

ただ、多くは、訓点の規則を学び、訓点を付ける練習をし、すぐに「故事成語」の教材に移る、という流れである。

教科書の一般的な構成に従い漢文教育の導入を行った場合、はたして漢文に興味を持ち、親しもうという姿勢を十分に醸成できるだろうか。多くの方が実感されているように、新しい単元の導入は第一印象が肝心である。たしかに、従来通りの導入であっても訓点の法則は一見パズルのようで、生徒たちはおもしろがって取り組む。ただ、古典に親しむ姿勢を醸成し、漢字一字一字が「表語文字」として意味を持つことを意識し、主体的に漢字・漢文に興味を持つ姿勢を養うには、漢文そのものが持つ魅力に目を向けさせる導入が必要であると考える。

三、「たほいや」の実践と課題

(一) 学校概要

筆者の勤務校は進学校かつ中高一貫校という特色を生かし、先取り学習を行っている。漢文も中学二年から古典導入として学習し始め、中学三年では週一時間漢文に特化した形で学習する。

筆者の実践は、古典を学び始める中学二年（四十三名×七クラス担当）を対象とし、国語二b（古典導入・週一時間）の授業で実践したものである。

中学二年という時期は、中高一貫校においては中だるみが始まる時期であり、楽しみながらも深い内容を学べる実践とすることを念頭に実施した。ただし、本実践は漢文教育の導入期の実践であり、一般的には高校一年を対象として行うことが想定される。

(二)「たほいや」の説明

「たほいや」はイギリス発祥のゲーム「Fictionary」または「Dictionary」を日本語に変更したものだと言われている[6]。一九九三年にフジテレビの番組で取り上げられて人気を博し、教育の場に取り入れた実践報告もなされている。

ご存じの向きもあろうが、「たほいや」は『広辞苑』[7]を用いたゲームである。人数は四~六人くらいが適当で、まずはくじを引き、「親」を一人決める。「親」は『広辞苑』の中から一つのことばを探し出して、見出しだけを平仮名で「子」(他の構成員)に知らせる。(声に出すと音節や抑揚などの情報が伝わってしまうため、敢えて文字で書いて伝えている。)「子」はその見出しの解説文をでっちあげ、他の「子」に知られないように用紙に書き、それを「親」に渡す。「親」は集まった用紙をよく混ぜ、誰がどの「解説」(以下でっちあげた解説を「解説」と表記する)文を書いたか分からないようにして、一つずつ読み上げる。「親」は、『広辞苑』に載っている通りの解説(正解)文を書いて、「子」の作成した「解説」文の中に混ぜておく。「親」が全ての文を読み上げたところで、「子」はそれぞれ正解だと思う文の番号を言い、予め配られている持ち点を賭ける、というものだ[8]。

筆者はまず、中学一年生の授業で「たほいや」を実践し、生徒の反応の良さに驚かされた。持ち点のやりとり、というゲーム的要素もその一因であろうが、自らの「解説」文に賭けた者から賭けた点をもらえるとあって、みな知恵を絞って必死に「解説」文を考えているのが印象的だった。

このゲームには、「辞書を引く力・言葉を定義する力・話を聞き、書き取る力・説明する力・論理的に推論する力」など様々な言語活動が含まれている。また、勝敗を巡り相手と掛け引きがあるので、主体的な学習活動にも適しているといえよう。

(三) 漢和辞典を用いた「たほいや」の実践方法

「たほいや」を授業で実践したときに、生徒の積極的な取り組みを目の当たりにし、古典の授業にも応用できないか、と考えたのが出発点である。従来の流れとは違う、自発的に取り組む導入方法として、漢和辞典を用いて「たほいや」を実践してみた。

〈準備するもの〉

漢和辞典（一班一冊。紙の辞書でも電子辞書でも可[9]）、白紙（お題を示すのに用いる）、解説用紙（「親」と「子」が解説文を記入する）（資料①）、点数計算用紙（資料②）

〈進め方〉

① 「親」が漢和辞典からお題を選択し、白紙に書いて「子」に示す。
② 「子」は辞書にありそうな「解説」文を考え、記入する。
③ 「親」は正答を解説用紙に記入し、「子」の「解説」文と混ぜ読み上げる。
④ 「子」は正答と思う文を選び、点数（1～3点）を掛ける。
⑤ 成否に応じて点数の移動。（全員の合計点は常に一定）

中学一年で「たほいや」を経験していたためか、漢和辞典を用いてもすんなりと行えた。『広辞苑』を用いた場合と異なり、本実践ではお題が漢字で示されるため、漢字自体の持つ情報（部首など）を元に「解説」文を考えるという違いがある。また、字音は「解説」文を作る手掛かりとなるので、伝えるか否かは親の判断とした。

(四) 実践を通して見えたもの

この実践の目的は漢字の習得ではなく、漢文の導入として漢字に対する抵抗をなくし、延いては国語力の総合的な向上を図ることである。以下に活動を通じて期待される効果と、現行の『中学校学習指導要領』[10] 並びに『高等学校学習指導要領』[11] が求める力とを比較してみた。

・辞書的表現に類似した「解説」をでっちあげる。
・既知の語彙をうまく答えに組み込む。
「国語を適切に表現し正確に理解する能力」（中学）
「国語を適切に表現し的確に理解する能力」（高校）
・「親」が答えを適切に「子」に伝え、疑問があれば「子」は「親」に質問する。
・「子」が聞き取りやすいようにはっきりと読み上げる。
・「親」が読み上げやすいようにはっきり丁寧に紙に書く。
「伝え合う力」（中学・高校）
・部首や字音を手がかりに漢字の意味を推測する。
・他者に選ばれやすい「解説」を工夫して作成する。
・目にした漢字から論理的に答えを推測する。
・他者の作成する「解説」の傾向を分析する。

「思考力や想像力を養い言語感覚を豊かに」する力（中学）
「思考力や想像力を伸ばし、（中略）言語感覚を磨き、言語文化に対する関心を深め」る力（高校）
（ゴチック部分は『中学校学習指導要領』・『高等学校学習指導要領』が求める力）

以上のように、漢和辞典を用いた「たほいや」の実践を通じて、漢文教育の導入に留まらず、広汎な国語力を涵養する効果があると考えられる。

二時間実践をし、最後に班ごとにA～C（後述）について総括を行わせた。実際に生徒が作り上げた「解説」文を交えながら以下に検証してみたい。

A「お題に適した親字」

①部首が明確で、部首から「解説」を作りやすそうなもの

「蛩《キョウ》」 1 蝉の抜け殻　2 カミキリムシ　3 クワガタ　4 亡霊・幽霊　5 トノサマバッタ

「虫」が部首であるため、様々な昆虫が挙げられている。その中で4は一際目を引くが、このように異彩を放つ「解説」文がでた場合は相対的に選ばれやすいとのこと。ちなみに正解は1。

見慣れた部首であれば「解説」を作りやすく、紛らわしい「解説」文が出揃うことで正解も目立たなくなるため、お題に適しているようだ。

②見慣れぬ漢字だが、よく見ると見慣れた漢字が組み合わさっているもの

「汞《コウ》」 1 あまやどり　2 水銀のこと　3 位が高い人に貢ぐこと　4 岩が崩れること
5 中国西部にあった土地・呉に滅ぼされた

「嚳《コク》」 1 飲み物がのどを通ったときの感触・のどごし　2 断崖絶壁で登山するさま

3 古い家屋の跡・基本的には母屋のこと　4 財産が多い　5 地面・土

「汞」は「工」と「水」とが組み合わさっている。「あまやどり」は屋根から水が落ちるさまを想像したか。「⿱乃古」は「乃」と「古」とが組み合わさっている。「乃」は意味が取りにくいため、「のどごし」は「コク」という字音から想起したか。漢字の構成要素を手がかりとして「解説」を作るこつとして、意味同士を組み合わせた（会意）文字と意味と音を組み合わせた（形声）文字とがあることを指導してもよいだろう。ちなみに正解は2と4。

③ 画数が多くて、見慣れないもの

「龠《ヤク》」　1 戦の時見張りや攻撃のためにたてられるやぐら　2 神に生け贄を捧げる際に用いる台　3 管楽器の一種・ふえ　4 人の集まる場・主に井戸場

漢字の構成要素から意味を想像しにくい漢字は、どんな「解説」文でも作れるため、①や②と同様に上質な「解説」が出揃いやすいとのこと。正解は3。

④ 字形と意味が連動したもの

「屳《ケン》」　1 海　2 山の尾根・みね　3 稲作に適した土　4 案件　5 人が山上にいるさま

字形から直接意味が想像できる漢字だとひっかけに思われ、正答として選びにくい。正解は5。

⑤ 熟語で見かけるが、単体では意味を考えたことのないもの

「陀《ダ》」　1 うねりまがっている様子　2 仏教における仏のこと　3 ななめ・平らでない　4 地獄の看守　5 極楽浄土のある方向

阿弥陀の「陀」として目にすることはあっても、意味まで考えたことはないという盲点を突くお題である。「解説」文も「阿弥陀」から想起して仏教に関わるものが多く見られる。ちなみに正解は3。

⑥ 字形・字音と意味とが結びつきにくい漢字

「叵《ハ》」　1　土地勘　2　人間の口・またその周辺　3　できない・不可　4　周りを囲まれているさま
「丟《チュウ》」　1　偉い人のなす偉業　2　主君を裏切ること　3　なげうつ・投げ捨てる
　4　偉い人の座るいす・転じて偉い役職のこと

単純な字形ながら、部首などの手がかりがなく、字音からも意味を推測しにくいものも「解説」文が作りやすく好都合のよう。ただし、こうした漢字は探すのが大変なので、事前に辞書で見つけておかねばならないとのこと。正解は3と3。

⑦　画数の少ない簡潔なもの
「夊《スイ》」　1　ゆっくり行く・静かに行く　2　日の沈む時間帯　3　大規模な貿易港　4　一回しか経験がないこと
　5　昼寝

画数が少ない漢字は象形文字か指事文字であることが多い。ただ正解を共有するだけではなく、なぜその意味なのか、ということまで共有できると、漢字への興味・理解がより深まる。正解は1だが、『漢語林』には「象形。下を向いた足あとにかたどり、しりごみしながら下るの意味を表す。」とある。

以上お題に適した親字を考察したが、生徒たちはゲームを通じて辞書を引き、漢字の成り立ちに思いを馳せることで、「漢字はいくつかの構成要素が組み合わさって成り立っている」ことを感じ取ったようだ(12)。

B「『解説』を上手にでっちあげるポイント」としてはまず、辞書の文体や説明の仕方に似せることが挙げられた。それには辞書の文体を分析・理解し、まねる必要があり、かなり高度な国語力を養える。筆者の場合、辞書の使い方の説明を行わずにゲームを行ったが、漢和辞典の使い方を教え、辞書の解説文体に注意を促した上でゲームを行ってもよい。辞書では使わない砕けた表現を日頃多用する生徒にとり、辞書らしい表現となるよう気を配ることは「書く力」を伸ばすことにも繋がる。

次に、部首を手がかりとしつつもひねりを加える、という回答が多かった。部首が表す意味は小学校で既習なので、部首以外の漢字の構成要素の意味を「解説」文に関連づけるときに工夫を凝らすのがコツのようである。ゲームを行うと、自作の「解説」文が一度も選ばれない生徒も出てくるが、一度実践した後で、選ばれやすい「解説」文と見抜かれやすい「解説」文について話し合いをさせることで、二回目から「解説」文の質が向上し、より白熱したゲームとなるであろう。

C『たほいや』のおもしろさ」については、漢字に詳しくなくとも参加できる気軽さ、自作の「解説」文が選ばれたときの快感、という回答が目立った。正解を見抜くこともゲームの目的ではあるが、生徒の反応から察するに、自作の「解説」文が選ばれた喜びの方が大きいようだ。ここに「たほいや」のもつ双方向性、反応の即時性という魅力がある。「解説」文作成には作成者の人となりが反映されるという指摘も多く、互いの「解説」文に興味を持っている様子が見て取れた。

四、漢和辞典を用いた実践の先に

漢和辞典を用いた「たほいや」を実践した後で「漢字の歴史と受容」について解説を行った（資料③）が、漢字が様々な構成要素から成り立つことを体感した後だからか、六書の説明も腑に落ちたようだ。また、高校で漢和辞典を用いた「たほいや」を実践する場合は、漢文教育の導入としてお題を熟語限定とし、熟語の構造に着目させることもできるだろう。(13)

熟語限定で行った際、「お題の熟語には、見慣れた漢字を含むこと」という条件をつけて実施した。簡単な漢字でも、熟語となると途端に意味の分からないものとなる。以下に熟語とその「解説」文例を紹介する。[14]

A「梨雲」 1 梨の花の多く咲くさまを白雲にたとえていう 2 雨があがった後によく現れる雲 3 梨につく雲のような形の害虫 4 梨の花のように白くて美しい女性

B「無辜」 1 原点に立ち返ること 2 罪を犯していないこと 3 感情がないさま・無我 4 解脱する直前の僧 5 秦の始皇帝が行っていた死刑の一種

C「塑像」 1 はっきりしない影 2 大きく成長した木の樹形 3 粘土細工の像 4 鏡に映った像

D「売僧」 1 主な収入を商いによってまかなっている僧侶 2 寺同士で僧を売買すること 3 商売をする僧・こびへつらう僧をののしって呼ぶ言葉 4 寺に売られた僧

E「解菜」 1 野菜だけを食べていたものが、肉食など普通の食物を食べること 2 冷凍された野菜を取り出すこと 3 雪の下に埋もれている野菜、人参などが有名 4 野菜がやわらかくなること、熟しておいしくなっている

F「美風」 1 甘い香り 2 美しい人 3 春に吹く心地よい風 4 よいならわし

「解説」文からは、生徒が熟語の構造を意識している様子が見て取れる。たとえばD「売僧」であれば、「(何かを)売っている僧」もしくは「僧を売る」という方向で「解説」文を作っている。E「解菜」も同様だ。また、漢字は多義語なので、F「美風」の「美」も、「よい、美しい、甘い」と様々な「解説」文が成り立つ。B「無辜」の「辜」やC「塑像」の「塑」といった生徒が知らないであろう漢字については、前章での実践よろしく字形から意味を推測しているようだ。

このような熟語限定「たほいや」は、「国語総合」の漢文教育導入として熟語の構造に言及し、身近な熟語を訓

読する方向へも展開できよう。（資料④）

五、おわりに

「自ら学ぶ漢文教育の導入教材」という題で、導入期に主体的に取り組める実践を模索してみたが、従来行われてきた一斉教授様式を否定するものではない。ただ、平成二十九年三月公示の新『学習指導要領』は「主体的・対話的で深い学び」を謳っており、教授方法の多様化を求めているのもまた事実である。主体的に取り組むなかで漢文の面白さに気づけば、自然と学ぶ意欲も高められるだろう。

筆者の実践はまだ十分に練られていない部分も多く、また似た実践をすでにされている向きもあるだろう。多くのご意見・ご指摘を賜れたら幸いである。

漢文教育の実践は様々な場面で共有されているが、導入期の第一印象をいかに良くするか、という議論はもっと盛んになってよいのではなかろうか。生徒の興味をかき立て漢文の魅力を伝える導入教材・実践の共有は、生徒の学ぶ意欲を必ずや引き出してくれるはずだ。

新『学習指導要領』のもと漢文が置かれる立場がどのように変化するかは未知であるが、漢文教育を志す多くの方と議論を尽くせたらと考えて已まない。

〔資料①〕「たほいや（漢字）」解説用紙

組　番　氏名

★親は子から回収した後で、読む順を「番号」に書き入れる。
★「読み方」は伝えても伝えなくてもよい。

読み〔　　〕
番号（　）
「解説」

読み〔　　〕
番号（　）
「解説」

読み〔　　〕
番号（　）
「解説」

読み〔　　〕
番号（　）
「解説」

読み〔　　〕
番号（　）
「解説」

〔資料②〕「たほいや（漢字）」で遊ぼう　点数計算用紙

〔ルール〕・持ち点10点
・一度に1〜3点を賭けられる
・正解したら賭けた点を親から貰う
・間違えたら賭けた「解説」の作者に賭け点を渡し、親にも1点を渡す

第1ゲーム　親（　）
選んだ番号（　）賭ける点数（1・2・3）点　→持ち点（　）点

第2ゲーム　親（　）
選んだ番号（　）賭ける点数（1・2・3）点　→持ち点（　）点

第3ゲーム　親（　）
選んだ番号（　）賭ける点数（1・2・3）点　→持ち点（　）点

第4ゲーム　親（　）
選んだ番号（　）賭ける点数（1・2・3）点　→持ち点（　）点

第5ゲーム　親（　）
選んだ番号（　）賭ける点数（1・2・3）点　→持ち点（　）点

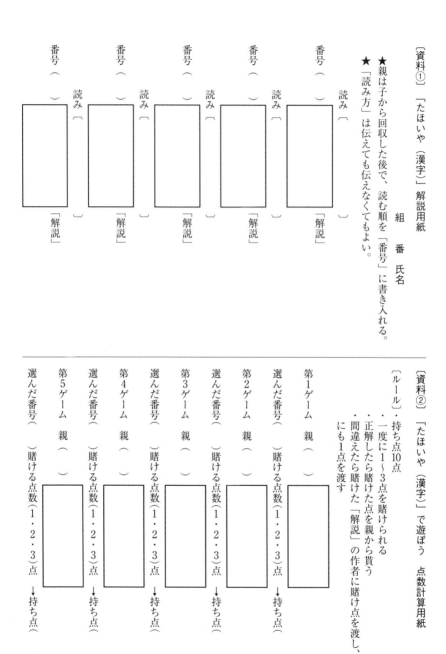

〔資料③〕　空欄に当てはまる言葉を補え。

漢字は中国で発達した表語文字である。殷王朝（前一五世紀〜前一〇六〇年ころ）末期には、すでに約三〇〇〇種の漢字が存在。人・山・川などの〔　　〕文字、好・休などの〔　　〕文字はもちろんのこと、鶏（鳥＋声符奚）や鳳（鳥＋声符凡）などの〔　　〕文字も見えている。さらに、鼎（てい）の字で聴（てい）という言葉を表し、鳥の翼の形（翼）を描いて、翌日の翌（よく）を表すなど、〔　　〕文字の例も見えている。

のち紀元後一〇〇年ころ、後漢の許慎が明らかにした漢字の造字運用法「〔　　〕」は、ほとんど殷末に完成していたと考えて良い。周王朝は殷を滅ぼすと、その〔　　〕文字を全面的に吸収して史官に文書を書かせ、官職や機構を整えて、漢字でその名称を定めた。つまり漢字を土台にして、王権と制度とが定着したのである。周代に作られた青銅器の銘文の文字を「〔　　〕」というが、甲骨文字を継承したものである。

前二二一年、秦の始皇帝は従来の漢字を「小篆（篆書）」という字体に統一した。これより後、漢字は知識人（士）の教養の基礎となり、漢字古典が写定され、諸子百家が漢字によってその論説を書き表していた。

秦漢以後、官僚制が定着するにつれ、いわゆる士は官僚の卵となり、それが漢字・漢文を身につけることによって、官職につき権力を執行するという中国の体制が定まった。漢代の下級官僚（隷吏）たちは、戸籍や出納を書き記すために小篆を簡略化して「〔　　〕」を用いるようになり、漢末にはさらにそれを直線化した「〔　　〕」が登場した。三国・六朝時代には、〔　　〕を崩した「〔　　〕」「〔　　〕」が流行し、書道が勃興した。

日本には倭の五王のころ、大和朝廷の権力を確立するために中国江南の東晋や宋の権威を借りようとしてしきりに使いを送ったが、それによって漢字文化、特にその上に組織された行政機構に注目するようになった。七世紀初めにはそれが具体化して「十二階冠位」や「十七条憲法」の制定が行われ、やがて中国の政治体制（律令国家体制）をまねて「律令」が制定された。そして制度や文物を学び運用する必要から、官人を中心に漢字が習得されるようになった。しかし末端の役人は戸籍や出納を記録するための略式表記を編み出し、僧は講説をメモするための略字を考えた。これが〔　　〕である。やや遅れて、主に貴族の女性が消息や歌文を書くために、草書体をもとにして〔　　〕を考えた。『古事記』『万葉集』のような和文を書く場合にも、漢字を音読み（または訓読み）して、漢字だけで書き綴る（〔　　仮名〕）のがならいであったし、『日本書紀』のような本格的漢文が幅をきかせた。ようやく平安時代中期になって、仮名を漢字に交えて書く事が始まり、和歌などはだいたい仮名で書くという風習が広まった。

〔資料④〕　国語　クイズ（熟語の構造）

組　番　氏名

◆つぎの熟語について、構造に着目して分類しなさい。

1 美食　2 地震　3 読書　4 極大
5 左右　6 永久　7 日没　8 聖人
9 必要　10 登山

◎どのようなグループに分けましたか？（例　①（1・4）、②（2・5・6）…）

◎それぞれのグループの特徴と、同じ構造を持つ熟語をあげて下さい。

◆グループで造った分類に基づき、次の熟語を分類しなさい。どこにも当てはまらないものもあります。

生誕　気絶　休業　避難　完璧　蛇足　嫌悪
矛盾　氷解　補佐　再建　雷鳴　遠慮　根絶
休日　非難　寸断　三省　契文　啓蒙　所以
努力　年長　推敲

注

(1) これについては宮利政「高等学校において漢文を学ぶことの意味―現場から見た『今』と『これから』―」(『日本語学』三六-七、二〇一七年七月号、明治書院)を参照されたい。
(2) 教科書協会HPによる。
http://www.textbook.or.jp/publications/data/h29textbook-price-h1.pdf
(3) 平成二十七年十一月十九日教育課程部会国語ワーキンググループ資料10「国語科に関する資料」では、「平成二五年度全国学力・学習状況調査の結果」、「平成一七年度高等学校教育課程実施状況調査(高等学区)結果概要・集計表」を挙げて中学校の「古典が好き」に該当する回答が二十九・三%、高等学校の「漢文は好きだ」に該当する回答が二十三・一%と低いことを提示している。
http://www.mext.go.jp/b_menu/shingi/chukyo/chukyo3/068/siryo/__icsFiles/afieldfile/2015/12/11/1365189_1.pdf
(4) 佐藤正光(二〇一七)「漢文教育の今日的意義」(『日本語学』三六-七、二〇一七年七月号、明治書院)
(5) 『精選国語総合』(東京書籍)は「地震・青天・観劇・長久・善悪・年少」の六語をあげ、熟語の構造を考えさせている。『新精選国語総合古典編』(明治書院)は、「日没・再開・学者・美人・登山・就職・無人・有害・不可欠・非常識」といった日常よく使われる言葉をあげ、訓点を考えさせる設問が採録されている。
(6) 「たほいや」の説明は、増井元『辞書の仕事』(二〇一三年十月、岩波新書)を参照した。
(7) 『広辞苑』については新村出・新村猛編著で岩波書店より一九五五年に初版が出版され、以後版を重ねて二〇一八年に発行された第七版が最新のものとなっている。
(8) 点数の移動については、①正解した場合は賭けた点数と同じだけ親からもらえる(仮に三点賭けていた場合、倍付けで六点が戻ってくる)。②不正解の場合は賭けた点数は自分が選んだ「解説」の作者に移動し、さらに親にも一点渡す。
(9) 紙の辞書でも電子辞書でも可としたのは、併用するうちにそれぞれの優れた点に気づくためである。ただ、ある程度語彙が豊富な辞書が望ましく、大修館『漢語林』・角川書店『新字源』・三省堂『全訳漢辞海』などがおすすめ。
(10) 『中学校学習指導要領』(平成二十年三月)第2章「各教科」第1節「国語」第1「目標」には「国語を適切に表現

し正確に理解する能力を育成し、伝え合う力を高めるとともに、思考力や想像力を養い言語感覚を豊かにし、国語に対する認識を深め国語を尊重する態度を育てる。」とある。

(11) 『高等学校学習指導要領』(平成二十一年三月)第2章「各教科」第1款「目標」には「国語を適切に表現し的確に理解する能力を育成し、伝え合う力を高めるとともに、思考力や想像力を伸ばし、心情を豊かにし、言語感覚を磨き、言語文化に対する関心を深め、国語を尊重してその向上を図る態度を育てる。」とある。

(12) 堀誠研究部会主任より、日本人は新たに漢字を作る場合、会意で作り、中国人は形声で作る場合が多いため、親字を選ぶ場合も会意文字の方が「解説」文を作りやすいのではとのご指摘をいただいた。

(13) 「たほいや」を熟語で行う取り組みについては、樋口敦士特別研究所員から示唆をいただいた。

(14) 正解はA1・B2・C3・D3・E1・F4。

■参考文献■

増井元『辞書の仕事』(二〇一三、岩波新書)

『新精選国語総合古典編』(二〇一六、明治書院)

『精選国語総合』(二〇一六、三省堂)

『新編国語総合』(二〇一六、大修館書店)

『精選国語総合古典編』(二〇一六、筑摩書房)

『精選国語総合』(二〇一六、東京書籍)

第三章

国語教材における「鶏鳴」故事を考える
――同一テーマ教材の援用をめぐって――

趙　倩倩

一、はじめに

「鶏鳴」に関する故事と言えば、まず思い浮ぶのは「鶏鳴狗盗」の史伝だろう。斉の国の孟嘗君が秦の昭王に拘禁されて殺されそうになったので逃げ出し、函谷関の関所を鶏の鳴きまねで騙して脱出したという有名な話である。「鶏鳴狗盗」の故事は『史記』「孟嘗君列伝」第十五に記され、元の時代になると、この話が曽先之によって簡略化され『十八史略』に記された。『史記』の「鶏鳴狗盗」史伝は三省堂の「国語総合」の教科書に採録され[(1)]、簡略化された「鶏鳴狗盗」の史伝は四社（桐原書店、大修館書店、教育出版、第一学習社）の「国語総合」教科書五種に採録され[(2)]、そのほかに、「古典B」の教材として東京書籍が採用する[(3)]。

この故事が後に『枕草子』百三十段の話題の素材となったことが知られる。特に「鶏鳴」をめぐって、藤原行成と清少納言との間で、巧妙に贈答歌を交わした『枕草子』百三十段の章段が「古典B」の三社（数研出版、大修館書店、三省堂）の四種[4]に取られている。

同じ「鶏鳴」に関わる内容ではあるが、孟嘗君の史伝に出てくる「鶏鳴」と『枕草子』に出てくる「鶏鳴」とは、同じ「鶏鳴」の意味を指しているのだろうか。高校の国語教材の中には、「鶏鳴狗盗」の史伝と『枕草子』以外にも、「鶏鳴」に関わる内容が出てくる。それらの「鶏鳴」はどのように機能しているのだろうか。

二〇〇九（平成二十一）年三月告示『高等学校学習指導要領』における「古典B」には、目標において、「古典としての古文と漢文を読む能力を養うとともに、ものの見方・感じ方・考え方を広くし、古典についての理解や関心を深めることによって人生を豊かにする態度を育てる」という目標が掲げられている。

前述のように、「鶏鳴」をテーマとした内容が「国語総合」や「古典B」の教材にしばしば登場する。同じ「鶏鳴」にもかかわらず、様々な意味がある。しかも、その様々な意味の関係性がまた錯綜している。国語教材に登場する「鶏鳴」の意味合いを洗い出し、比較することは、ものの見方や考え方を広くし、作品の理解を深めることにつながるのではないだろうか。本章では、「鶏鳴」というテーマの教材を中心に、作品が創作された時代背景と照らし合わせながら比較し、教材としての作品理解を深めたいと思う。

二、「鶏鳴狗盗」の「鶏鳴」のあり方

孟嘗君田文は斉の王族であり、戦国四君子の一人に数えられた人物である。斉の湣王の二十五年（紀元前二九九）に、湣王の命令を受けて秦に行った時のことを『史記』に記載している。秦の昭王はすぐにかれを秦の宰相とした。しかし、ある人が「孟嘗君は確かに有能ですが、斉の出身ですから、秦の宰相に任じたとしても、後にきっと秦より斉を優先するでしょう。」と進言し、昭王はこれを聞き入れ孟嘗君を拘禁して殺そうとした。以降は、『史記』

「孟嘗君列伝第十五」所収の記事を抜粋する。

孟嘗君使人抵昭王幸姫求解。幸姫曰、「妾願得君狐白裘」。此時、孟嘗君有一狐白裘、直千金、天下無双。入秦献之昭王、更無他裘。孟嘗君患之、徧問客、莫能對。最下坐有能為狗盗者、曰、「臣能得狐白裘」。乃夜為狗、以入秦宮臧中、取所献狐白裘至、以献秦王幸姫。幸姫為言昭王。昭王釈孟嘗君。孟嘗君得出、即馳去、更封伝、変名姓以出。夜半至函谷関。秦昭王後悔出孟嘗君、求之已去。即使人馳伝逐之。孟嘗君至関、関法鶏鳴而出客。孟嘗君恐追至。客之居下坐者、有能為鶏鳴、而鶏斉鳴、遂発伝出。出如食頃、秦追果至関。已後。孟嘗君出、乃還。始孟嘗君列此二人於賓客、賓客尽羞之、及孟嘗君有秦難、卒此二人抜之。自是之後、客皆服。（5）

孟嘗君は一芸ある食客をたくさん召しかかえたことでよく知られている。この故事に出てくる狐の皮衣を盗む食客と、鶏の鳴きまねをする食客は、最も低い地位にある客であるが、まさに孟嘗君を危機一髪の局面から救い出す恩人になった。この二人を賓客に列した当初、食客たちから嘲笑された二人は、誰も救うことのできない窮地から孟嘗君を救い出し、他の食客たちにも見直された。この故事はいわゆる「鶏鳴狗盗」という四字熟語で後世に知られることとなる。鶏の鳴きまねをしたり、犬のようにこっそりとものを盗んだりするようなつまらない技能や小さな技術をもつ人でも、いざという時に役に立つものであり、そのような人を見下してはいけない。

この故事が後世に伝えられ、「鶏鳴狗盗」という語がまさに人材の代名詞になっているが、それ以前に、「鶏鳴」はどのような意味で用いられただろう。

『詩経』「国風」「鄭風」に「女曰鶏鳴」と題する詩が記される。

女曰鶏鳴　　女曰《い》ふ、鶏鳴くと
士曰昧旦　　士曰ふ、昧旦なりと

子興視夜　子興《お》きて夜を視よ
明星有爛　明星爛たる有らん
将翱将翔　将《は》た翱《かけ》り将た翔《と》び
弋鳬与鴈　鳬と鴈とを弋《よく》せん
（後略）

夫婦の仲の良さを描写した歌であるが、鶏が鳴いたら起きて仕事をするという古人の生活様式が窺える。また、「斉風」に夜明けをめぐる男女の問答体による「鶏鳴」の詩も相承されている。

鶏既鳴矣　鶏既に鳴けり、
朝既盈矣　朝既に盈《み》ちぬ。
匪鶏則鳴　鶏の則ち鳴くに匪《あら》ず、
蒼蝿之声　蒼蝿の声なり。
（後略）

女が「鶏が鳴いたので、朝になった」と告げる。まだ時計がなかった時代には、時刻を判別する最も便利な道具は自然現象であった。日が昇ると白昼になり、日が沈むと黒夜になる。これは視覚上の判別標準であるが、聴覚上には、自然界の様々な音がその基準になるのであろう。とりわけ電気がなかった古代、暗闇の中で、鶏が鳴いてしばらくしたら、夜が明けて黎明がくる。鶏がまさに黎明の到来をつげる使者になる。農業中心の古代において、鶏鳴はいわゆる人々をおこしてくれる目覚まし時計であった。

「鶏鳴狗盗」の故事において、鶏の鳴きまねをすることで、城門を開かせたのは、鶏が当時においてまさに今の時計のような役割を果たしていたからである。夜明けを知らせる鶏が鳴いたら通行者を通すのである。ここまでの

「鶏鳴」は時計がわりの意味合いで登場する。

三、『枕草子』における「鶏鳴」

「鶏鳴狗盗」の故事は清少納言が『枕草子』に直接引用している。『枕草子』第百三十段に見える。(6)

（前略）つとめて、蔵人所の紙屋紙ひき重ねて、「今日は残り多かる心地なむする。夜を通して、昔物語も聞こえ明かさんとせしを、鶏の声に催されてなむ」と、いみじう言多く書き給へる、いとめでたし。御返りに、「いと夜ふかく侍りける鳥の声は、孟嘗君のにや」ときこえたれば、立ちかへり、「孟嘗君の鶏は、函谷関を開きて、三千の客わづかに去れりとあれども、これは逢坂の関なり」とあれば、「夜をこめて鳥の空音ははかるとも世に逢坂の関はゆるさじ心かしこき関守侍り」と聞こゆ。また、立ち返り、逢坂は越えやすき関なれば鳥鳴かぬにも開けて待つとか（後略）

ある夜、職曹司で清少納言と雑談をしていた藤原行成が、翌日は主上の物忌だからといって、子の刻のうちに退散した。翌朝、行成は、「今日は、名残惜しい気分です。一晩中、昔の事もお話しして朝を迎えようとしたのに、鶏の鳴き声にせかされて」という紙を送った。清少納言は「大体夜明けに鳴いたという鳥の声は孟嘗君のでしょうか」と。

行成も負けずに応戦する。「孟嘗君の故事の鶏は、函谷関を開けましたが、私たちの間にあるのは逢坂の関です。」という。函谷関の話から、男女（私とあなた）が逢う逢坂の関にかけてきた。すると清少納言はさらに、「夜のまだ明けないうちに、鶏の鳴き声を真似ても、賢明な逢坂の関所の番人が開けませんし、そう簡単に私は許しません。」と詠んだ。この一首は、後に百人一首に採られた。

行成の誘いに対して、清少納言がこの孟嘗君の「鶏鳴狗盗」の故事をふまえて巧妙に拒絶した。藤原行成と清少納言とは、親交を交わしていた仲間であり、これは深刻な断りではなく、漢文知識が豊かな二人の風流な文字遊びのようなものだと思われる。

さて、行成と清少納言との贈答歌に「鶏の声」、「鳥の声」、「鳥の空音」が繰り返して登場する。一つずつその意味を確認しておこう。「今日は殘り多かる心地なむする。夜を通して、昔物語も聞こえ明かさんとせしを、鶏の声に催されてなむ」は、行成がわざと後朝の文のように仕立てた。ここの「鶏鳴」は男女の離別を催促する「鶏鳴」を暗示しているのではないかと考えられる。清少納言は「いと夜ふかく侍りける鳥の声は、孟嘗君のにや」と詠んで、「鶏鳴狗盗」の故事を踏まえて、「鶏」の字を「鳥」に変えて、この「鳥の声」は男女を離別させる「鶏鳴」ではなく、孟嘗君を救った「鶏鳴」だろうと問いかける。行成は更に、「これは逢坂の関なり」と詠んで、函谷関ではなく、男女が逢う「逢坂の関」を絡めた。ここまでのやり取りを見ると、「鶏鳴」は既に二通りの意味を内包する。一つは時計がわりの鶏鳴であり、もう一つは男女の離別を催促する意味の「鶏鳴」である。無論、男女の離別を催促する「鶏鳴」も鶏の鳴き声と夜明けとの深い関係に基づく。そもそも「鶏鳴」と夜明けの関係は文学的にどこに認められるだろうか。次は、神話における鶏鳴と太陽の関係を見てみたい。

四、記紀における「長鳴鳥」の「鶏鳴」

『古事記』上巻「天《あま》の石屋戸《いわやと》」の段に、天照大御神が、天の石屋戸に籠もった時に、八百万神が常世の長鳴鳥を鳴かせて、天照大御神を呼び出す話が記されている。これに相似する話が『日本書紀』巻一「神代」上にも記載されている。

まず『古事記』上巻「天の石屋戸」の段に記された「長鳴鳥」に関連する内容を掲げる。天照大御神が、弟の須佐之男命の行為に恐れを抱いて、天の石屋の戸を開けて入り、こもった。そこで、高天の原はあたり一面が暗くなり、永久の夜が続いた。神々が困り、知恵者として知られる思金神に対策を考えさせた。

是を以《もっ》て八百万《やほよろづ》の神、天安《あめのやす》の河原に神集《かむつど》ひ集ひて、高御産巣日《たかみむすひ》神の子、思金神《おもひかねかみ》に思はしめて、常世の長鳴鳥を集めて鳴かしむ。(7)

ここに記されるように、常世の長鳴鳥を集めて鳴かせることが天照大御神を呼び出す第一歩であった。それから、天安河の河上の天の堅い石と、天の金山《かなやま》の鉄を取ってきて、それを天津麻羅《あまつまら》に精錬させ、伊斯許理度売《いしこりどめの》命に命じて鏡を作らせ、玉祖《たまやの》命に命じて八尺の玉飾りを作らせた。これらの準備が整うと、天宇受売《あめのうずめの》命が踊り出して、八百万の神が共にどっと笑った。すると、神々が仕込んだトリックに天照大御神が騙される。

是に天照大御神、怪しと以為《おも》ほして、天の石屋戸を細めに開きて、内より告《の》りたまひしく、「吾が隠り坐すに因りて、天の原自《おのずか》ら闇く、亦葦原中国も皆闇けむと以為ふを、何由以《なにのゆゑにか》、天宇受売は楽《あそび》を為、亦八百万の神も諸咲へる」とのりたまひき。

自分が天の石屋戸に籠もって暗闇のはずなのに、鶏が鳴き、神々がどっと笑う気配をすかさず不思議に思う天照大御神は天の石屋の戸を少し開いた。

天宇受売命は、「あなた以上の尊い神がいらっしゃいますので、われわれはみな喜んで踊り、笑っているのです」と言った。そのように言っている間に、天児屋命と布刀玉命はその鏡を出して見せると、天照大御神の姿が映った。いよいよ不思議に思った天照大御神が少し出て覗いてみれば、石屋の戸のそばに隠れていた天手力男命と布刀玉命が天照大御神を引き出した。高天の原と葦原中国は明るくなった。(8)

『日本書紀』巻一「神代」上に『古事記』に類似する内容が記されている。天照大神が弟の素戔嗚尊の乱暴を怒って、天石窟《あまのいわや》に入り、籠もってしまい、国中がいつも闇ばかりとなり、昼夜の交代の別も分からなくなった。神々が方法を協議すると、思兼神は、深謀遠慮をめぐらした。

故、思兼神《おもひかねのかみ》、深く謀り遠く慮ひ、遂に常世の長鳴鳥《ながなきどり》を聚め、互に長鳴せしむ。(9)

『古事記』の「常世の長鳴鳥を集めて鳴かしむ」に対して、「常世の長鳴鳥《ながなきどり》を聚め、互に長鳴せしむ」となる。長鳴鳥を互いに鳴かせてから、更に、手力雄神《たちからをのかみ》を磐戸の側に隠れ立たせ、中臣連《なかとみのむらじ》の遠祖《とほつおや》天児屋命《あまのこやねのみこと》と忌部の遠祖太玉命《とほつおやふとたまのみこと》は、天香山《あまのかぐやま》の五百箇真坂樹《いほつまさかき》を掘り取って、上枝には八坂瓊《やさかに》の五百箇御統《いほつみすまる》をかけ、中枝には八咫鏡《やたかがみ》をかけ、下枝には青和幣《あをにきて》・白和幣《しろにきて》をかけ、皆一緒に祈祷した。また、猨女君《さるめのきみ》の遠祖天鈿女命《とほつおやあまのうずめのみこと》が天石窟戸の前に顕神明之憑談《かむがかり》した。

ここでも『古事記』と同じように、天照大神が見事に神々の講じたトリックに騙された。

是の時に天照大神聞しめして曰はく、「吾、比石窟に閉居り、豊葦原中国《とよあしはらのなかつくに》は必ず長夜為くらむと謂へるを、云何《いかに》ぞ天鈿女命は如此噱楽《ゑらく》くや」とのたまひ、乃ち御手を以ちて細めに磐戸を開けて窺ひたまふ。

天照大神が外の動きを不思議に思って、手で細目に磐戸を明けて外を窺った。すると、手力雄神はすぐ天照大神の手を取って引き出した。(10)

さて、思金神に今後の対策を練らせると、天照大御神を呼び出す対策の第一の段階(11)は、常世国の長鳴鳥を鳴かせることであった。これこそ天照大御神がもたらした闇から解放される第一の方策であった。

「長鳴鳥」は具体的に何の鳥を指すのだろうか。「鳥」という字は『説文解字』によれば、「長尾禽総名也。（長尾の禽類の総名なり。）」とある。「長鳴鳥」を『大漢和辞典』で調べてみると、「長鳴鳥」の項目は見当たらないが、「長鳴鶏」の項目が立てられて、「長なきどり。鶏」と説明されている。「長鳴鳥」は「長鳴鶏」と同じように鶏のことであろうか。

新井白石が『東雅』巻之十七「禽鳥」第十七「鶏」で、「日神、天磐屋戸をさしこもり給ひし時、思兼神、常世長鳴鶏をあつめて鳴しめられしとみえしは、旧事、古事、日本紀等に鶏をいふ也といひ伝へし也（後略）。[12]」と「長鳴鳥」が鶏であると伝えられることを記している。本居宣長も新井白石と同じような見解を示している。『古事記伝』八之巻に、「常世長鳴鳥とは鶏をいふ。（中略）長鳴とは、凡て他鶏よりも鳴く声の絶て長き物なる故にいふなり。[13]」と解釈する。『日本国語大辞典』には、「他の鳥よりも声を長く引くところから、鶏の異名」と解説されている。「長鳴鳥」が鶏であるという認識が定着していることがわかる。

五、鶏鳴と太陽

「長鳴鳥」の記事は記紀以外の日本古文献に記載されていないが、中国の古文献には、「長鳴鶏」という鶏の記事がしばしば見られる。

「長鳴鳥」と「長鳴鶏」とは、表記が異なるものの、鶏を指すことで一致していると考えられる。「長鳴鳥」との呼称は日本の古典では、『古事記』が最も先行する例になるが、中国の場合は、「長鳴鶏」という語を『漢書』に認めることができる。『漢書』巻六十三「武五子伝」第三十三「昌邑哀王」に、「賀到済陽、求長鳴鶏。（賀　済陽に到り、長鳴鶏を求む。）[14]」という用例が見られる。「長鳴鶏」について、顔師古が注して、「鳴声長者也。（鳴く声の長き者なり。）」という。「賀」というのは、昌邑哀王劉髆の子であり、漢の武帝劉徹の孫にあたる人である。後元元年（紀元前八八）に劉髆が亡くなり、その子の劉賀が後を嗣いだ。賀が立って十三年目に昭帝が崩じ、子供がいなかったため、大将軍の霍光が昭帝の兄の息子である劉賀を都に呼び出して喪主にした。劉賀が都の長安に向かう途中に「長鳴鶏」を求めたわけである。しかし、その求めた所以は一切書かれていない。

その所以を理解するには、『西京雑記』（『太平広記』巻四百六十一「禽鳥」二所引）の次の記載の中に、ヒントを得ることができる。

漢成帝時、交趾越巂献長鳴鶏伺晨鶏。即下漏験之。晷刻無差。長鳴一食頃不絶。長距善闘。（漢の成帝の時、交趾 越巂 長鳴鶏・伺晨鶏を献ず。即ち漏を下して之を験ずるに、晷刻差無し。長く鳴くこと一たび食頃絶えず。長き距《つめ》もて善く闘ふ。(15)）

文中で「長鳴鶏」ならびに「伺晨鶏」の性質が意味づけられている。『大漢和辞典』を引いてみると、「伺晨鳥」は、「夜のあけがたに鳴く鳥。即ち鶏。」と説明される。古代において、精確な時間をはかるために、「日晷」、「滴漏」などが発明された。しかし、日常生活では、人々が自然の現象や音によって時間を把握していたと思われる。朝の到来を報じるのは鶏の鳴き声であり、『西京雑記』に記されるこの交趾（現在ベトナムの北部と広西省の南部を指す）、越巂（現在四川省西南部と雲南省北部を指す）から献上された長鳴鶏は、一食の食事を食べ終わるまで鳴き続け、滴漏ではかるのと較べても正確だったという。当時、長鳴鶏というのは時計代わりに使用されたことが推測できる。

更に、『斉民要術』巻六「養鶏」第五十九の条に『異物志』を引いて、越南から献上された長鳴鶏の記事も収められている。

九真長鳴鶏最長、声甚好、清朗。鳴未必在曙時、潮水夜至、因之并鳴。或名曰伺潮鶏。（九真の長鳴鶏は最も長く、声甚だ好く、清朗なり。鳴くこと未だ必ずしも曙の時に在らず、潮水の夜至らば、之に因りて并びに鳴く。或ひは名づけて曰く「伺潮鶏（潮を伺ふ鶏）」と。）

「九真」とは越南のことである。越南の「長鳴鶏」は鳴き声が長くて声も甚だよい。この長鳴鶏は曙に限らず、潮水が夜満ちる時も鳴くという習性を持っていることが紹介されている。潮水は農業と深く関わっているから、長鳴鶏の鳴き声が実に重要な働きを持っている。普通の鶏であれば、鳴くという行為は、夜明けの時刻を人々に知らせる役割のみを果たしているが、この長鳴鶏の場合は、夜分潮水の到来をも知らせてくれる危難回避の特別な「異物」の存在であったことが分かる。故に特別な存在として『異物志』に記されたのであろう。

『漢書』に記された劉賀が長鳴鶏を求めたのも、やはり第一に時計のかわりに報晨（夜明けを知らせる）のためだったのであろう。『異物志』に記される潮水を知らせてくれる役割は、それに付帯するものともいえる。

日本では、「聖《ひじり》」は「日知り」といわれるように、帝が時間を知ること、天候現象を知ることが為政者として必要と考えられたと思われる。その源流は中国にあり、為政者にとって農事は執政の重要事項である。『漢書』に記された劉賀が長安に行くのは、喪主になることだけではなく、叔父の昭帝の後継者として皇帝になることをも意味し、後に長安に到着した劉賀は、霍光に擁立されて即位した。故に、行く途中に長鳴鶏を求めたのは、時間や天候現象を知る為政者としての行為であると理解して良いのであろう。

このように、記紀二書に登場した天照大御神を呼び出し、長い夜を明かした「長鳴鳥」は、夜の暗闇を終結させ、暁を告げる「長鳴鶏」と同じような存在に違いない。

さて、天照大御神を呼び出すために、なぜ「長鳴鳥」を用いたかを考えてみよう。天照大御神とは、記紀によると太陽を神格化した神であり、天を照らすという天照大御神の名前からもその神格の一端を窺うことができる。なぜ長鳴鶏が鳴くことで太陽の神である天照大御神を呼び出すことができるのだろうか。

様々な動物の中にあって、鶏が選ばれた理由はいったいどこにあるだろう。鶏と太陽の関係に着目し、その理由を考察してみたい。鶏と太陽の密接な関係があるという発想が中国の古文献にしばしば見られ、東晋時代に遡ることができる。『芸文類聚』巻九十一所引の郭璞が著した『玄中記』に、

東南有桃都山。上有大樹、名曰桃都、枝相去三千里。上有天鶏、日初出、光照此木、天鶏即鳴、天下鶏皆随之。

（東南に桃都山有り。上に大樹有り、名づけて桃都と曰ふ。枝相ひ去ること三千里。上に天鶏有り、日初めて出でて、光此の木を照らさば、天鶏即ち鳴き、天下の鶏　皆　之に随ふ。）[16]

と記されている。桃都山の上に大きな木があり、木の上に「天鶏」という鶏がいる。太陽が昇り、光がこの木を照らすと、すなわち「天鶏」が鳴きはじめ、天下の鶏も「天鶏」に従って鳴く。日が昇ってから「天鶏」が鳴き、それから普通の鶏が鳴くという順序になる。鶏鳴と太陽との明確な関係が窺えるが、なぜ「光此の木を照らさば、天鶏即ち鳴く」のかについては、本文には解釈されていない。次の『春秋説解辞』にある記述からその答えが得られる。

『太平御覧』巻第九百十八「羽族部」五「鶏」に『春秋説解辞』を引用し、次のようにある。

鶏為積陽。南方之象。火、陽精、物炎上。故陽出鶏鳴。以類感也。（鶏　積陽たり。南方の象なり。火は、陽の精にして、物炎上す。故に陽出でて鶏鳴く。類を以て感ずるなり。）[17]

「積陽」とは、『大漢和辞典』によれば、「つもりつもった陽気。」、『漢語大詞典』の一番目には「謂陽気聚集。」とあり、更に、『淮南子』「天文訓」に、「積陽之熱気生火。火気之精者為日。積陰之寒気為水、水気之精者為月。」と挙げられる。『淮南子』によれば、陽の気が積もれば火となり、火の精は太陽である。つまり、陽の気が積もれば最終的に太陽になる。

「積陽」の意味に戻ると、『漢語大詞典』の二番目の意味はストレートに「日光、太陽」を挙げる。すなわち、太陽も鶏も「積陽」のものになるのである。ゆえに、『春秋説解辞』は日が出たら鶏が鳴く理由を、太陽と鶏とが同類のものであるためと解釈している。これもまた『玄中記』の話と同じように日が出て鶏が鳴くという順序を補説するものである。

『玄中記』と『春秋説解辞』に現れる太陽と鶏鳴の順序はいずれも曙光が出てから鶏が鳴くという順序になる。

天の石屋戸神話においては、太陽の神である天照大御神を呼び出すために、長鳴鳥を鳴かせたのである。これは一見して『玄中記』と『春秋説解辞』に認められる順序に反しているように見えるが、実はこれこそ思金神の策略であった。普段だと、天照大御神が出てから鶏が鳴くのであるが、天照大御神が天の石屋戸に隠れこもっているにもかかわらず、長鳴鳥が鳴いた。いや、鳴かせてしまったというべきかもしれないが、それを不思議に思った天照大御神が、天の岩屋戸からのぞき見て、結局は引き出されるに至ったものと解釈されるのである。

名高い孟嘗君の「鶏鳴狗盗」の故事に想いを致せば、「鶏鳴」はとりわけ一種の詐術《トリック》を仕組みやすい趣きをもつ。いまだ明けそめぬ天を偽りの鶏鳴で明けたがごとく装う。記紀二書に記される天の石屋戸神話においても、その太陽の出現と鶏の長鳴との関係を逆手にとって、太陽の出現がないまま長鳴させるトリックを創出している。しかも、そのトリックを増幅する笑いという人間の生活に欠かせない要素をも巧みに入れたものと考えられる。

このトリックは、常世の長鳴鳥が鳴かずには成り立たない。すなわち、天照大御神が怪しみを発する大前提に鶏鳴があり、その鶏鳴によって闇から解放されて、天宇受売命の行為と咲《わら》いに及ぶと解されるからである。この天照大御神の思考の根底には、夜が明けてはじめて長鳴鳥が鳴くとの理解があるのである。これは『玄中記』と『春秋説解辞』に記される曙光が出てから鶏が鳴くという順序と一致する。

六、おわりに

以上、高等学校の国語教材に載っている「鶏鳴狗盗」の史伝と『枕草子』の百三十段を中心に「鶏鳴」の意味を考察し、天の石屋戸神話に言及してきた。電気が発明されていなかった古代において、鶏が朝の到来を告げ、「鶏鳴」が時計の役割を果たしていた。孟嘗君が従者の鶏の鳴き真似で命を救われ、この史伝が後世に伝えられ、「鶏鳴狗盗」が一芸ある人の代名詞になった。清少納言と藤原行成は「鶏鳴」をめぐって巧妙に歌を交わした。藤原行成は男女の離別を催促する「鶏鳴」や「逢坂の関」を絡めて戯れてきたのに対して、清少納言は「鶏鳴」を「鳥の空音」に書き換えて、二人の間にある「鶏鳴」が孟嘗君の史伝に出てくる鶏の鳴き声にすぎないと言い返す。離別を催促する鶏鳴であろうと、一芸ある人の代名詞としての「鶏鳴」であろうと、その原点は鶏が時計代わりに使用されていたことにある。鶏が夜明けを告げると、男女が別れなければならない。鶏が鳴くことを待って、関守が門を開く。

「国語総合」の科目の内容について、二〇〇九（平成二十一）年三月告示『高等学校学習指導要領』に、以下のように記述されている。「(ア) 言語文化の特質や我が国の文化と外国の文化との関係について気付き、伝統的な言語文化への興味・関心を広げること」。「鶏鳴」を一つの着眼点として、言葉の意味を追求しながら、「鶏鳴」に関わる教材を比較することによって、日本文化と中国文化との関係についても理解を深め得るのではないかと考える。

注

(1) 三省堂三三七。
(2) 桐原書店三六四、大修館書店三四五、大修館書店三四六、教育出版三四二、第一学習社三五九。
(3) 東京書籍古典B三〇三。
(4) 数研出版古B三一四、大修館書店古B三一〇・三一二、三省堂古B三〇四。
(5) テキストは「和刻本正史」『史記』（一九七二年、汲古書院）より引用する。書き下し文は「国訳漢文大成」『史記』「列伝」上巻（国民文庫刊行会、一九二三年）を参照し、私意によって改めた箇所がある。
(6) 『枕草子』は伝本によって、章段わけも異なる。この段は百二十九段と百三十段との二通りの分け方がある。引用は、教科書（『古典B古文編』数研出版、平成二十八年印刷）を参考にした。
(7) 倉野憲司他校注、日本古典文学大系『古事記・祝詞』（一九五八年、岩波書店）によった。

（8）〈日本古典文学鑑賞第一巻〉『古事記』（一九七八年、角川書店）の訳文を参照。
（9）坂本太郎他校注、日本古典文学大系『日本書紀』（一九六三年、岩波書店）によった。
（10）訳文は小島憲之他校注／訳、新編日本古典文学全集『日本書紀』を参照。
（11）『古事記』と『日本書紀』とは神々の表記が違うため、ここでは、便宜上、時代が先行する『古事記』の表記に従うことにする。
（12）『東雅―影印・翻刻』（杉本つとむ編著、一九九四年、早稲田大学出版部）三七三頁を参照。
（13）『古事記伝』倉野憲司校訂本（一九四一年、岩波文庫）一六五ページを参照。
（14）『漢書』（班固撰、顔師古注、一九六二年、中華書局）を参照。
（15）テキストは『太平広記』（李昉等編、人民文学出版社、一九五九年）を参照。訓読は筆者による。
（16）『芸文類聚』（一九六五年、中華書局）を参照。訓読は筆者による。
（17）『太平御覧』（一九六〇年、中華書局）。なお、訓読は筆者による。

第四章

「人面桃花」という古典（漢文）教材の考察
――「買粉児」「霍小玉伝」との習俗的関わりから――

堀　誠

高等学校における古典「漢文」の教材を一覧してみるとき、二〇一三年度にスタートした『高等学校学習指導要領』の下で「共通必履修科目」となった「国語総合」の教材として、またその履修後の「選択科目」となる「古典B」の教材として、両様に採用されている漢文教材がある。「人面桃花」と題される唐代伝奇小説による教材は、「国語総合」の教科書の中では、大修館書店の「国語総合」（「古典編・漢文編」六「唐代の物語」〈「漢文のとびら〈桃いろいろ〉（一海知義）」を含む〉）および「新編国語総合」（「古典編・漢文編」4「物語へのいざない」〈「鶏鳴狗盗」とで構成〉）の一社二種にテキスト化される。また、「古典B」の教科書の中では、明治書院の「高等学校古典B」（「漢文編後編」3「小説」〈「死友」「酒虫」とで構成〉）、ならびに三省堂「高等学校古典B」（「漢文編」第二部・四「小説」〈李復言「杜子春伝」とで構成〉）および「精選古典B」（「漢文編」第二部・三「小説」〈李復言「杜子春伝」とで構成〉）の二社三種にテキスト化される。

この「国語総合」と「古典B」とに教材として採用される「人面桃花」をめぐって、崔護と女の出会いにはじまる物語の末尾に認められる女の死と蘇生に注目して、その教学の環境を視野に入れた考察を試みたい。

一、「人面桃花」を読む

この「人面桃花」は唐の孟棨の『本事詩』に出典し、宋の『太平広記』には巻二七四「情感」に「崔護」の題で「出『本事詩』」として引載される。「崔護」は次のように語り起こされる。

博陵の崔護は、資質甚だ美なるも、孤潔にして合ふこと寡し。（博陵崔護、資質甚美、而孤潔寡合。）

博陵の崔護は器量才能すぐれた人物ながら、孤独で潔癖なために意気投合できる友もないとの人となりが紹介される。科挙の進士科を受験しながら合格とはならず、清明の日に独りで長安の都城から南郊を散策する。清明は「掃墓（墓参）」の日であると同時に、新緑を楽しむ「踏青」の遊楽の時節でもある。折りから時候の花木が生い茂り、一畝の広さの屋敷に行きいたる。屋敷はひっそりと人もいない様子。

俗に「縁は異なもの味なもの」という。人を迎え人を送りだす門は、一つの境界として枢要な意味をもち、さまざまに人の出会いと別れを演出する空間となっている。そして花木は桃花源にいざなうがごとく、「人面桃花」にもまたこの門の空間に男女の出会いが用意される。門を叩く崔護に対して、門隙から来意を問う女。一杯の水を所望する崔護を門中に迎え入れると牀《いす》を勧め、自らは独り桃の斜めに伸びた枝柯《えだ》に寄りかかる。女は「意属殊《こと》に厚し」と崔護に好感を抱いている様子で、その佇む容姿は「妖姿媚態にして、余妍有り」と記される。

名高い劉晨・阮肇の異郷訪問さながらの展開であるが、この女に向かって、崔護は「言を以て之に挑む（以言挑之）。」と記される。その字句は、漢の武帝の時代、いまだ立身せぬ貧書生の司馬相如が招かれた臨邛の金満家卓王孫の屋敷で、出戻りの卓文君にねらいさだめて得意な琴のメロディーに心をこめるとの史伝の一節に認める「以琴心挑之（琴心を以て之に挑む）。」の文字こそ、[1]表現上の源泉となろうか。

自らの言の葉をもって直に思いを通じようとした崔護に、女は「対《こた》へず（不対）」、ただ「目注すること之を久しくす（目注者久之）。」と描かれる。その表記の中に、女の恥じらいが読みとれるが、かくて言葉を交わすことなく辞去する崔護に対して、情にたえざる風情で内に入っていく女。崔護も黯黮たる思いのまま帰路につくのであり、まさに思いを通じ得ぬ二人であった。

翌年の清明の日、春の陽気に誘われて、ふと去年のこの日を思い出した崔護は、感情を抑えられずに真っ直ぐ南郊の屋敷を訪ねる。門と牆壁のようすは変わらないが、かんぬきは閉ざされている。崔護はやむを得ず詩を左扉に書きつけて立ち去る。

　去年今日此門中　（去年の今日　此の門の中）
人面桃花相映紅　（人面　桃花　相映じて紅なり）
人面不知何処去　（人面知らず何れの処にか去るを）
桃花依旧笑春風　（桃花旧に依りて春風に笑むと）

まさに去年の今日、この門の中で目の当たりにした女の容顔と桃の花の照り映えた光景。その去年の今日と現在の光景とを対比する発想は、大宰府に貶謫された菅原道真が重陽の節句に際して詠じた「九月十日」詩に、「去年今夜侍清涼（去年の今夜　清涼に侍りき）」といまだ都にあって清涼殿に侍御した「去年の今夜」の栄光と、貶謫された大宰府の地での落魄を詠唱した詩篇にもうかがえる。

この崔護の詩では、去年迎えてくれた女の「人面」と目の前の「桃花」とを対比する。閉ざされた門を前にして、あの人はどこへ行ったのか、桃の花が変わることなく春風に笑み咲くばかりであると詠じる。

　年年歳歳花相似　（年年歳歳　花相似たり）
歳歳年年人不同　（歳歳年年　人同じからず）

この唐の劉希夷の「代悲白頭翁」詩の対句は、「花」と「人」とを対比した詠唱として人口に膾炙する。その対照に同じく、美しき「人面《かんばせ》」の主と馥郁たる庭の「桃花」のコントラストが詩中に描出されるが、その対比がこの詩を読んだ女の心に影をつくる。流れた時間と容顔の移ろい。その切ない胸中は、女の父が話すことばに明らかになる。

数日後、たまたま都城の南に出かけ、その帰路に再び訪ねた崔護は、中から慟哭する声を耳にする。門を叩いて声をかければ、現れた年老いた父が、「君は崔護に非ずや」と問いかける。そうだと答える崔護に向かって、哭しながら「君　吾が娘を殺せり」と告げる父。驚いて立ち尽くす崔護に向かって父は語る。笄年にして学問をしていまだ嫁がぬ娘であったが、昨年来、いつも恍惚《ぼんやり》として失うところあるがごとき様子であったという。笄年は女がかんざしをつける十五歳をいう。先日いっしょに外出して帰宅した折、左扉に書きつけられた詩の文字を読むや、門を入ると病んで、ついに絶食すること数日にして命はかなくなったという。娘が嫁がなかったのは、君子たる男を探し求めて父の身を託するためであったともいう。

不幸にして死んだのは崔護のせいであると大いに哭する父。かくて女の尸との再会と再生の物語に動いていく。崔護も心を打たれて、哭礼をとるべく請えば、儼然として牀《ベッド》に在る女。崔護がその首《あたま》を挙げてその股に枕させ、慟哭して「某　斯に在り、某　斯に在り」と祈れば、しばらくして女は目を開き、半日して蘇生する。父も大いに喜び、娘を崔護に嫁がせたという。

この「人面桃花」の故事は、いわゆる宋代の「説話《シユオホア》」なる話芸の世界で、「小説《シャオシユオ》」と称された読み切り短篇型の題材となって口演されたことも知られる。宋の羅燁の『酔翁談録』巻一「舌耕叙引」「小説開闢」に、その時代の「小説」の演目あるいは話本らしきものを伝録し、その「伝奇」類の中に、「李亜仙」(「李娃伝」)「鶯鶯伝」「章台柳」「卓文君」とともに「崔護覓水」が認められる。(2)

この「崔護覓水」の名称は、「人面桃花」の題が崔護の詩中の四字に基づくものであるのに対して、話題の開端を開く「水を覓める」という所為に由来することはいうまでもない。いずれにしてもこの故事は、唐の孟棨の『本事詩』を典拠として知られる(3)。

門を恋のときめきの空間とする話題でもあり、まさに門が有機的に機能する。翌年まで心にぽっかり穴が空いたがごとき女の様子に加えて、詩を読んだ女の心身の変容とその急逝。そして、再び訪ねた崔護がその体を抱いて行う祝願と女の再生。そのモチーフの中で、「崔　其の首を挙げて、其の股に枕せしめ、哭して祝して曰《い》う「某在斯」の文字は、『論語』「衛霊公」篇に見えることが知られている。すなわち、孔子は、訪ねてきた師（盲目の音楽師）の冕が階段に差しかかると、「階なり」と教え、座席までくると「席なり」と教え、皆が着座すると、「某在斯」（誰それはどこにいる）と一々告げたと伝えている。まさに「師を相《たす》くる道」を説いた一条に他ならない。崔護の言は、その文字を「盲楽師」ならざる「幽冥」との境界にある女の魂魄を導き戻す呪文のごとく転用したか。その際、むしろ「某」字を自称代名詞に解して「某《それがし》は斯に在り」の意を帯したと思われる。まさに男女の情愛にまつわる呪願に他ならない。

二、「買粉児」の男と女

ところで、この祝願の行為がこの話に限って認められるものかといえば、そうではないことが明らかである。『太平広記』巻二七四「情感」の巻頭話で、「崔護」の直前に配される「買粉児」（「出『幽明録』」）にまた祝願と再生にいたるプロットが認められる。

ある金持ちの家の一人息子として溺愛されて育った男は、市《マーケット》に出かけて白粉を商う美しい女に一目惚れする。

しかし、思いを伝えるすべもなく、白粉を買いに毎日市に出かけたが、白粉を買うと、そのままことばをかけることもなくたち去った。だんだんに日数が重なり、ひどく疑った女は、翌日やって来た男に、「あなたは白粉を買って、何にお使いですか」と尋ねれば、息子は「心中慕っていましたが、思いを伝えられませんでした。いつもあなたに逢いたいと思い、白粉を買うことにかこつけて姿を観にきていたのです」と答える。女は感じ入り、とうとう私《ひそか》に逢うことを約束して、翌日の夜と決めた。

その夜、男は部屋で女を待った。夕暮れに果たして女がやって来ると、男はその悦びにたえず、女の腕をにぎると、「ようやく宿願がかないます」と歓び勇躍したまま事切れてしまった。女が恐懼したのも無理はなく、訳も分からず逃げだして、夜明けに店に還りついたという仕儀。

男女密会の不慮の展開といわざるを得ないが、男の家では、食事になっても起きてこないので、父母が不審がって様子を視にいけば、息子はすでに死んでいた。殯斂《かりもがり》に際して、篋笥《ストッカー》の中を開いてみれば、百余りの白粉の包みが大小とり混ぜて一山になっている。「我が児を殺せしは、必ず此の粉なり」と直感した母親は、市で白粉を売る店を遍くまわる。この女の店の順番になり、比べてみると、包みの手跡が先のものと同じであった。女を執《とら》えて「何ぞ我が児を殺すや」と問いただすと、女は嗚咽して、ありのままに事実を陳べた。父母は信じず、ついに役所に訴え出た。「妾　豈に復た死を恡《おし》まんや」と一たび尸に臨んで哀を尽さんことを乞いもとめる女に対して、県令はこれを許すと、真っ直ぐに進んで尸を撫でながら、「不幸にして此を致す。若し死魂にして霊あれば、復た何ぞ恨まんや」と慟哭すると、息子は豁然として生き返った。

かくて息子が事情を子細に語り、二人は夫婦となって子孫も繁栄したという一家団円の一話であるが、この話の出典となる『幽明録』は、『世説新語』を撰したことで知られる劉宋の劉義慶の撰になる。この話では、女が急逝した男に向かって尸を撫でて死魂に哀惜の語を発するのであり、行為者の性別を異にするが、その祈誓の趣旨に異なりはない。時代的に唐代から六朝の劉宋の時代にまで溯る話題になる。

興味深いのは、『太平広記』に明の馮夢龍が改変の手を加えた『太平広記鈔』の評纂の記述である。この『太平広記』のダイジェスト版とも称すべき『太平広記鈔』は、巻十九「感応」に「買粉児」の題を「売粉児（出『幽明録』）」に変え、この題と「崔護（出『本事詩』）」の題を並べて示して二話を続けて記すとともに、馮夢龍はその末尾に、

二事恰好対股文字。（二事は恰好なる対股の文字なり。）

との評語を付す。「二事」はもちろん「売粉児」と「崔護」を指す。「対股」は、「対」が対の概念を、「股」が枝や釵などの二叉を表すことから、引いては一対なり対偶なりの二つで一組を意味する。すなわち、片や男が女を、片や女が男を、ともに哀哭して霊魂を復する話容に二話一類といった「対股」の評をしたのであろう。それは六朝あるいは唐という時代を超えた馮夢龍の慧眼による評纂といえる。

三、「霍小玉伝」の女と男

実をいえば、『太平広記』巻四八七「雑伝記四」には、男が女を哀哭するもう一つの類例を拾うことができる。唐代伝奇の代表的な一篇として知られる蔣防の「霍小玉伝」である。大暦十才子の一人に数えられた李益を男主人公とするこの「霍小玉伝」において、科挙受験のために長安の都に出た李益は、媒酌家業の鮑十一娘の仲介を得て、霍王の娘、小玉と結ばれる。李益がかくて巫山・洛浦のごとき歓愛を尽くした深夜、霍小玉はふと涕を流してじっと見つめていう。

妾本倡家、自知非匹。今以色愛、托其仁賢。但慮一旦色衰、恩移情替、使女蘿無托、秋扇見捐。極歓之際、不

覚悲至。（妾は本より倡家なれば、自ら匹に非ざるを知る。今　色を以て愛せられ、其の仁賢に托す。但だ慮るは一旦色衰へなば、恩移り情替はり、女蘿をして托する無く、秋扇をして捐てられしめんことを。極歓の際、覚えず悲しみ至る。）

「女蘿」とは蔓草の名で、「女蘿無托」はその蔓草が寄る辺を失うことをいう。つづく「秋扇見捐」は秋となって不用となった扇が捨てられることをいう。先取りしていえば、霍小玉の生きざまを象徴するのが、まさに「秋扇」の二字であるといってもよい。しかし、無闇に寄る辺を失って捨てられるのではない。その前提となるのが「一旦色衰、恩移情替（一旦色衰へなば、恩移り情替らん）」の字句である。すなわち小玉の容色が衰え、その結果として李益の情愛が移り離れてしまうことを傷んでいるのである。「捐」は漢の班婕妤が自らの身の上を「扇」になぞらえて詠じた「怨歌行」の詩篇にいう「棄捐」の語に由来する。もとより「女蘿」も「秋扇」も、霍小玉の身の行く末をたとえていうものであることは明白である。

それとともに、老若を問わず日一日としのびよる肉体的な衰老は如何ともなし難いものであろう。「秋扇」にいう「秋」とは、「怨歌行」にいう涼風が炎熱を奪いさる時節であるばかりでなく、副次的には時節の推移にともなう年齢の進行、肉体的な衰老をも内包する。それは人生の秋を意味するものでもあろう。「秋扇」の語義的世界は含蓄に富み、か細い声でこうささやかれた李益は、何としても粉骨砕身して相捨てざることを素縑に記す。小玉の口から出た「女蘿」「秋扇」の語は、わが行く末を危惧して李益の人情に訴えるに効果絶大であったことは確かである。

しかし、二年後の春、書判の任用試験に及第した李益は、四月に鄭県の主簿に赴任し、八月には迎えを寄越すと小玉に約束しながら違え、親の決めた盧氏との縁談を断れずに婚儀を整える。この間、連絡は無く、小玉は李益の薄情を恨んで病床について生活もままならず、かつて小玉が口にした「秋扇」のはかない身の上が現実のものになる。

約束に背いて負い目を感じる李益は、婚礼のために上京しても小玉に知られまいと避けて過ごす。しかし、小玉の薄幸を不憫がる豪侠の人士の機転によって、李益は図らずも小玉と再会する。病床から立ちあがった小玉は、横目で李益を睨み、酒を注ぎながらいう。

我為女子、薄命如斯。君是丈夫、負心若此。韶顔稚歯、飲恨而終。慈母在堂、不能供養。綺羅弦管、従此永休。徴痛黄泉、皆君所致。李君李君、今当永訣。我死之後、必為厲鬼、使君妻妾、終日不安。(我 女子と為り、薄命 斯くの如し。君は是れ丈夫なるも、心に負《そむ》くこと此くの若し。韶顔稚歯、恨みを飲みて終はる。慈母 堂に在るも、供養する能はず。綺羅弦管、此れ従《よ》り永く休《や》まん。痛みを黄泉に徴するは、皆君の致す所なり。李君 李君、今当に永く訣《わか》るべし。我死するの後、必ず厲鬼と為りて、君の妻妾をして、終日安からざらしめん。)

李益の「負心」と小玉の「薄命」。その因果によって、母への孝養もつくしえぬまま恨みを飲んで死んでは「厲鬼」となるとの小玉のことばは、李益への怨念に満ちた呪文といっていい。小玉はそのことばを吐きすてると、左手を伸ばして李益の腕を握り、盃を地面に擲って長慟号哭すること数声にして息絶えたのであった。

注目したいのは、小玉の母が屍を李益の懐に置いてその名を喚ばせる一節である。

母乃挙屍、置於生懐、令喚之。遂不復蘇。(母乃ち屍を挙げて、生の懐に置き、之を喚ばしむ。遂に復た蘇らず。)

「喚」は、よぶ、さけぶ。声をかけて呼びまねくことを表そう。しかるに、小玉は蘇ることはなかったと記している。「秋扇」の身となった霍小玉の末路は薄命そのもので、怨恨に充ち満ちていたといえる。「厲鬼」と化した小玉のなせる報いは、李益をして妻に猜疑ならしめて三たび娶るも妬嫉は改まらなかったと伝える。その妬嫉を揶揄した「李益疾」の醜名こそ、夭歿した小玉が末代に残し得た遺恨の表れといえようか。

「秋扇」の末路としても悲惨極まりなく、その悲惨さは男の懐に屍を置かれて名を喚ばれながら蘇生することなき末期に象徴される。この「霍小玉伝」は馮夢龍の『太平広記鈔』においては最終第八十巻「雑志」の大尾を飾る一篇に移置されている事実がある。そこに馮夢龍の眼が働いているが、その部分に評語の類はないことを付記する。

四、恋愛と「復」の習俗

以上を総じていえば、若い男女の恋愛をめぐる話題の中にあって、その情愛に由来して男女の一方が死にいたる話容をもつものは一篇ならず存在する。そこに共通して認められる、残された一方が哀哭して屍に呼びかける行為は、息を吹きかえすかどうかを問わず、まさに死者の魂魄を呼びもどすための「復」の習俗が根底にあろうことはいうまでもない。いわゆる「復」の儀礼については、『礼記』「霊運」篇に、

及其死也、升屋而号、告曰、「皋！某復。」然後飯腥而苴孰。（其の死するに及びてや、屋に升りて号《さけ》び、告げて曰く、「皋《ああ》！　某復《かへ》れ」と。然る後に腥を飯せしめて而して孰を苴《つつ》む。）

と記す。「某復」はその死者を呼びもどす「招魂」の行為に他ならず、「某《だれそれ》」よ、あの世に逝くことなく戻りきたれ、と呪願するのである。それは屋根に昇って号ぶというが、日本においては魂魄が「黄泉の国」に帰していくとの考えから、地中に深く掘りぬかれる井戸に向かって大声で行くなと呼ばわることも知られる。これもまた同じ趣旨にある。[4]「復」に関しては同じく『礼記』「喪大記」に、

復衣不以衣尸、不以斂。婦人復、不以袡。凡復、男子称名、婦人称字。唯哭先復、復而後行死事。（復衣は以て尸に衣《き》せず、以て斂せず。婦人の復には、袡を以てせず。凡そ復するには、男子は名を称し、婦人は字を称す。唯だ哭は復に先だつ。復して後に死事を行ふ。）

婦人のばあいは「字」を、男子のばあいは「名」を呼称し、その後に死事を執り行うという。「袡」は、婦人が嫁

いだときの上衣。「人面桃花」には「某在斯」、「買粉児」には「若死魂而霊、復何恨哉」との語が、また「霍小玉伝」には「令喚之」の語が見えたが、呼びかけには相手を特定する名や字が用いられたのであろう。さらに『礼記』「問喪」篇には、斂葬に関しての次の記載がある。

三日而斂。在牀曰尸。在棺曰柩。（三日にして斂す。牀に在るを尸と曰ふ。棺に在るを柩と曰ふ。）

その「三日而斂」に関しては、同じく「問喪」篇に「死三日而後斂（死すること三日にして後に斂す）」の意味を解して、三日哭してその生きかえることを俟つのであり、三日にして生きかえらなければもう生きかえることはないと思い定めることを記す[5]。

教科書教材に立ち返ってみると、「人面桃花」において崔護が生前のままの姿で横たわる女に哀哭して「祝」したのは、一見すれば崔護に限って行われたドラマチックな行動のごとくに映る。ただそれは、いわゆる「哭」や「復」の習俗儀礼の中に息づく行為でもある。仮に若い男あるいは女の非命という特異な環境の中で行われたとしても、その屍を抱いて行われる行為自体は習俗として一般的な枠組みの範疇にあり、複数の事例の中にあると考えてよい。プロットに対する理解をする上で、この行為自体がもつ習俗儀礼的な意味を認識することは、異土の文学を学習する上で欠くべからざるものであろう。その習俗儀礼に際して発揮されるその深い情愛こそ肝要であろうが、それをいわゆる「志怪」の「怪」や「伝奇」の「奇」に偏して一方的に理解や解釈を試みることは、ある意味では、ストーリーの本質を見失いかねない危険な一面をもつことになろう。

啓蟄一候に花開く桃花は、爛漫の春をことほぎ、桃花源の異郷へのいざないを彷彿させる。劉備・関羽・張飛三兄弟の桃園結義の舞台を彩り、また若い女を象徴して『詩経』「桃夭」には華・実・葉を詠唱して婚姻と多産による繁栄を象徴的に唱う。かつ度朔山に生える桃樹の北東方の鬼門にまします神荼・鬱塁（律）や西王母ゆかりの不老長生の果実（蟠桃）の相承もあり、その呪的な意味も含めて桃は多様な属性を秘めもつところである。その花と人とが対比されるとともに、「人面桃花」の故事は男女の恋愛とその死をめぐる習俗儀礼の中に活きている。指導書の解説や注釈の類を検討しても、この観点に立ったコメント等は十分には行き届いていないようである。ここに敢えて同じ話素を有する複数の話を示し、かつそこに共通するプロットに着眼した考察を試みた所以である。

注

（1）「以琴心挑之。」の字句は、『史記』巻一一七「司馬相如列伝」ならびに『漢書』巻五十七上「司馬相如伝」にある。

（2）『酔翁談録』癸集巻一「不負心類」には「李亜仙不負鄭元和」のテキストを収録し、「亜仙」を長安の娼女李娃の「字」とし、その男主人公は「滎陽の鄭生」、字は「元和」とする。二人の字はこうした「小説」なる話芸の世界に生じたものらしい。また、日本においても、室町時代に『李娃物語』に翻案されていることを付記する。

（3）そのテキストは、北宋の『太平広記』巻二七四「情感」篇に「崔護」の題で「出『本事詩』」として収載され、また、南宋の皇都風月主人の『緑窗新話』巻上にも「崔護覓水逢女子」の題で「出『本事詩』」として引載されている。

（4）いわゆる「魂よばい」「魂よび」と呼ばれる死生の精神風土に関わる習俗である。

（5）『礼記』「問喪」篇に、「孝子親死、悲哀志懣。故匍匐而哭之。若將復生然。安可得奪而斂之也。（孝子は親死すれば、悲哀して志懣《もだ》ゆ。故に匍匐して之を哭し、将に復た生きんとするが若《ごと》く然《しか》す。安んぞ奪って之を斂するを得べけんや。）」と記して、さらにその故に「三日而后斂者、以俟其生也。三日而不生、亦不生矣。（三日にして后に斂するは、以て其の生きんことを俟つなり。三日にして生きざれば、亦た生きず。）」という。

付記

本章は、「『人面桃花』という古典（漢文）教材の一考察―『賈粉児』『霍小玉伝』との関わりから―」（『中国詩文論叢』第三十三集〔植木久行教授退休記念〕、二〇一四年十二月、中国詩文研究会刊）に基づき改稿したものである。

第五章

「漢文」授業改善の可能性
――杜甫「春望」を中心として――

林　教子

一、二〇三〇年とその先に向けての授業改善

二〇一六（平成二十八）年八月に「次期学習指導要領（二〇二〇年から順次実施）[1]等に向けたこれまでの審議のまとめ」[2]が報告された。『学習指導要領』は約十年ごとに改訂されるため、本報告は二〇三〇年とその先の社会をも見据えたものである。中でも重要論点となったのは、「アクティブ・ラーニング」[3]の視点に立った授業改善の推進だった。この審議を経て二〇一七（平成二十九）年三月に小学校及び中学校の『学習指導要領』が告示されたが、本『学習指導要領』では、「アクティブ・ラーニング」は、「主体的・対話的で深い学び」と換言されている。「アクティブ・ラーニング」の視点というと、話し合いや発表のような身体的活動を伴う学習や、そうした学習活動に対する評価であるという誤解を避けるためだ。本『学習指導要領』下の「アクティブ・ラーニング」の視点とは、教える側の授業改善の視点を指す。

とりわけ、大学入試に向けて文法・読解中心の指導をしてきた「古文」「漢文」の授業改善を指していると言っ

てもよい。本章ではこうした現状を踏まえ、「漢文」における授業改善法を提案してみたい。

二、「漢文」教材の重複――課題とその活用――

現行の『小学校学習指導要領』（二〇〇八（平成二十）年三月告示）では、「親しみやすい古文や漢文、近代以降の文語調の文章について、内容の大体を知り、音読すること。[4]」として高学年からの漢文学習を明示している。導入段階では音読・暗誦が主な学習活動となっており、教材も親しみやすさや、音読のしやすさを考慮して、『論語』等の比較的短い文章や、日本人にも馴染み深い唐詩等が中心となっている。[5] これらは、中学校や高等学校においても「安定教材」として教科書に採録されることが多く、そのため、教材の重複という状況が生じている。この重複を無駄と見るか、作品理解を深める機会と見るかで扱い方が違ってくる。後者の場合、指導する教員側に新たな学習材料の用意や授業改善の視点が不可欠となる。

(一) 身体的記憶として内在化する「漢詩教材」

本節では、教材の重複を「主体的・対話的で深い学び」を実現する機会と捉え、漢詩を中心に授業改善の可能性を検討していく。なぜ漢詩かと言えば、それは漢詩が「短い」からである。この短さは中国文化の「精髄」を意味すると同時に、漢字嫌いの学習者にも親近感を与える。また、短さゆえに、他の教材より朗読・暗唱を重視した指導がしやすい。

元来、中国の古典たる漢詩は、日本においては「日本語で訓読された漢詩」として愛誦されてきた。訓読体特有のリズムに親しみ、繰り返し朗読することで作品世界への親和性を深めてきたのである。そのため、最初に出会ったものと異なる読み方や解釈には違和感を覚える。[6]

以上から、漢詩教材の利点として次の二つを挙げる。

① 入門段階で暗記した漢詩は学習者の身体記憶として残り、その後の学習の深化・発展に結び付きやすい。

② 先に学んだ内容と異なるものに出会った場合の印象が強く、視点を変えた学習が効果を発揮しやすい。

これらを踏まえて、杜甫（七一二〜七七〇）の「春望」を研究対象として取り上げる。「春望」は律詩であるため、絶句中心の小学校教科書には採録されていない。しかし、中学校では芭蕉（一六四四〜一六九四）の『おくのほそ道』における「平泉」章段との関連学習を想定して全社で採録されているという特色を持つ。さらに、高等学校「国語総合」においても「春望」と「平泉」を同時に採録している教科書が多く、学習の深化・発展を探究するに相応しい教材と考える。

(二) 中学校国語教材としての「春望」と「平泉」

現行最新版の中学校国語教科書[7]における「春望」と「平泉」章段の採録状況を示したものが表5-1である。中学校国語教科書は五社から発行されているが、これら全てにおいて中二から中三の段階で両教材を扱っている。学習する順序は、掲載している学年及び教科書の構成から、いずれも「春望」→「平泉」を想定していることが推察される。

本表には、各教科書における「春望」の「国」と「城」に対する注釈、及び「平泉」章段の「国破れて山河あり城春にして草青みたり」の「城」の読み方も示した。「国」と「城」については、全社共通して国都である長安を指すとしている。「平泉」の「城」の読み方は、Bのみ「城《じやう》」と振り仮名を施している（詳細は本章「四」で触れる）。

ところで、なぜ中学校国語では「春望」と「平泉」章段を教材として採るのか、授業構築の前提として確認しておく。中学校国語では、漢詩を独立した一作品として扱うと同時に、「漢文」分野の導入教材として位置付ける傾

表５－１　中学校国語教科書の「春望」と「平泉」

中学３年	中学２年	
平泉　「城」（フリガナなし） 脚注：「春望」全部の書き下し文付き	春望　「国」：国都。長安 「城」：城壁で囲まれた町	A
春望　「国」：国都長安　「城」：城塞都市 平泉　「城《じやう》」　脚注：「春望」首聯参照		B
平泉　「城」（フリガナなし） 脚注：「春望」首聯参照	春望　「国」：長安のこと 「城」：城壁を巡らした都市	C
平泉　「城」（フリガナなし） 脚注：「春望」首聯参照	春望　「国」：国の都 「城」：城壁で囲まれた都市 「国」「城」ともに長安	D
春望　「国」：国都長安　「城」：長安。中国の都市は城壁に囲まれていた 平泉　「城」（フリガナなし） 脚注：「春望」首聯参照		E

注１）　対象中学校国語教科書：2015年発行・５社５点
　２）　アルファベットは出版社を示す。

向がある。これについて堀誠（二〇一三）[8]は、「春望」・「静夜思」（李白）・「元二の安西に使ひするを送る」（王維）等を紹介しながら漢詩の受容について説明している教材例を挙げて、「そうした詩歌に日本人が出會い、それを受容し、あるいは影響を受けてきた事實を積極的にとらえた展開を企圖している。[9]」と述べる。さらに、堀は同論文において、中学校国語教科書で採られている五詩人・九首の詩篇の内、杜甫の「春望」以外、全て絶句であることを指摘する。その上で、「杜甫が導入に果たす役割は大きく、一つの中國詩歌のイメージを日本の風土に架橋するもの」と、「春望」と日本文化との突出して深いかかわりに言及している。

中学校国語ではこうした「春望」の特性に着目し、芭蕉と杜甫の関係を通して、中国古典の受容の一端を入門期の学習者に示しているのである。この点を踏まえて、授業では芭蕉が杜甫から影響を受けつつも独自性を確立したことに触れ、学習者もまた、古典を自己表現や自己理解に生かすという主体的な学習へと繋げていくことを目指したい。

㈢ 高等学校「国語総合」と「古典B」の採録状況

次に表5-2に高等学校における「春望」と「平泉」章段の採録状況を示す。同表には、詩史（歴史を詠む詩）という側面を持つ「春望」の関連教材として、杜甫の「兵車行」「石壕吏」、及び杜甫の社会詩に影響を受けた白居易の「売炭翁」「長恨歌」[10]の採録状況も同時に示す。

特に、「古典B」では全社が「長恨歌」を採録している点が特徴的である。（表5-2中の傍線部）

表5-2　高等学校教科書の採録状況

古典B	国語総合	
平泉②石壕吏②長恨歌③	平泉②春望②	C
兵車行②石壕吏②長恨歌②	春望③	D
石壕吏②長恨歌②売炭翁②	平泉③春望③	E
石壕吏②長恨歌②売炭翁①	平泉③春望③	F
石壕吏③長恨歌②売炭翁②	平泉③春望③	G
兵車行①長恨歌①	平泉②春望②	H
石壕吏①長恨歌①	平泉①「城《じやう》」春望②	I
兵車行①長恨歌①	平泉①「草青々《せいせい》たり」	J
兵車行①長恨歌①	平泉③春望①	K

注1）対象教科書…国語総合：2016年発行・9社24点　古典B：2017年発行・9社18点
2）アルファベットは出版社。表5-1と同じアルファベットは同一出版社である。
3）数字は教材を採録している教科書の点数。②とは2点の教科書で採録していることを示す。

高等学校では、「春望」は九社中八社が「国語総合」に採録するが、「古典B」での採録はない。「平泉」章段は採録している全社が「国語総合」で扱い、Cのみ「国語総合」「古典B」の双方で扱っている。「平泉」章段の「城春にして草青みたり」の読み方については、Iが「城《じやう》」と振り仮名を附す。「草青みたり」は、Jのみ「草青々《せいせい》たり」としている。(11) 脚注等は中学校国語と大差ない。

以上、採録状況からその重複ぶりは顕著であり、高等学校では新しい材料や視点なくしては学習者の意欲を高めることは困難だと言える。

三、「春望」首聯の学習を深める

では、いかにして学習者の意欲を高めるか。本章では「主体的・対話的で深い学び」の視点も取り入れつつ、「春望」の首聯を中心に高等学校における学習法を考察していく。

(一) 首聯の考察

春望　杜甫

国破山河在　城春草木深
感時花濺涙　恨別鳥驚心
烽火連三月　家書抵万金
白頭掻更短　渾欲不勝簪

国破《くにやぶ》れて山河《さんが》在《あ》り　城春《しろはる》にして草木深《そうもくふか》し
時《とき》に感《かん》じては花《はな》にも涙を濺《そそ》ぎ　別《わか》れを恨《うら》んでは鳥《とり》にも心《こころ》を驚《おどろ》かす
烽火三月《ほうくわさんげつ》に連《つら》なり　家書万金《かしよばんきん》に抵《あた》る
白頭《はくとう》掻《か》けば更《さら》に短《みじか》く　渾《すべ》て簪《しん》に勝《た》へざらんと欲《ほつ》す

「国語総合」教師用指導書では、首聯「国破山河在　城春草木深」に対して「国都は破壊されてしまったが、自然は依然としてそこに在り、春が巡ってくれば長安城市はまた草木が青々と茂ってくる。」等の解釈をするのが一般的で、授業もこれに基づいて行う。この点は中学校においても同様であるため、新たな視点として次のような考察を試みる。

【考察二】「国破」の情景

本項では、杜甫の見た情景をより鮮明にイメージするため「破」に着目する。「破」に対する「国語総合」（採録八社）の注釈は、「破壊された」（三社）、「注釈なし」（四社）、「脚問で意味を問う」（一社）となっている。中学校五社では「破壊された」（四社）、「攻め破られた」（一社）となっており、総じて「破壊された」が優勢である。

高校生が使用する一般的な中型漢和辞典等で「破」を調べると、①石がくだける。②こわす。こわれる。壊滅する。破壊される。③負ける。負かす。攻め落とす。陥落する。などとあるが、ここで考察したいのは、長安は②「破壊された」のか、③「陥落した」のかである。「破壊」と「陥落」とでは大分イメージが異なるのだが、実際、当時の長安の状況はどうであったのか。宋代の司馬光（一〇一〇～一〇八六）の『資治通鑑』（唐紀・第二一八巻・至徳元年）は次のように記す。

壬辰、召宰相謀之。〈中略〉甲午、百官朝者什無一二。上御勤政楼、下制、云欲親征、聞者皆莫之信。

（〈楊国忠から進言され〉壬辰、天子は宰相らを召して入蜀の件を謀らせた。〈中略〉甲午、百官のうち出廷したものは十人に一、二人の割合もいなかった。天子は勤政楼にお出ましになり制を下して「親征しようと思う」と言われたが信じる者はいなかった。）

上記に続く部分で、玄宗は皇太子（後の粛宗）、楊貴妃、楊国忠、その他のごく一部の近親者と共に、密かに長安から脱出したと伝えている。佐藤正光（二〇一四）[12]はこれらの記述から、「ほぼ無血開城の状態で反乱軍が入城し占拠した。長安は「壊滅」したわけではなく「陥落」したのである。[13]」とする。史実として、長安は壊滅状態ではなかったようだが、異民族の侵入を許し国都としての威光は失われていたに違いない。「国破」とは、こうした現実を反映しているのであろう。

【考察二】「国破―山河在」「城春―草木深」の接続関係

第一句は逆接的に「国都は破壊され（陥落し）たが、自然は依然としてそこに在る」、第二句は順接的に「長安にも春が訪れれば、また草木が生い茂る」と解釈するのが一般的だ。しかし、原詩では「国破―山河在」「城春―草木深」と語が並べられているだけある。訓読では、「国破れて山河在り」・「城春にして草木深し」と傍線部のような接続助詞を使用しているが、この接続助詞「て」・「して」は順接・逆接両方の意味用法があるため、原詩と同様《ニュートラル》な接続関係にあると言える。解釈に即して「国破るれども山河在り」と訓じたのでは、文語詩的なリズムが損なわれ、人口に膾炙する名句とはならなかったであろう。

だが、ここでは敢えて「国破るれども山河在り」・「城春なれども草木深し」と逆説的に訓じて、従来とは異なる視点で解釈してみたい。

第一句の解釈は変わらないが、第二句は「長安にも春が訪れたが、草木が生い茂っている（ばかりだ）。」となる。これは春景色を楽しむ人の姿はなく、草木だけが生い茂る荒涼とした情景を表す。国都陥落という時勢を反映したこの解釈は、中国では通説であるようだ。

司馬光は、著書『温公続詩話』で「春望」を次のように評している。

古人為詩、貴于意在言外、使人思而得之。〈中略〉近世詩人惟杜子美最得詩人之体。〈中略〉山河在、明無余物矣。草木深、明無人矣。(14)

（古人が詩をつくる時、意は言外に置き読む人の想像に委ねることを貴んだ。〈中略〉近世の人でこれを体得しているのは杜甫をおいて他にない。〈中略〉「山河在り」とは、山河以外に物がないことを言い、「草木深し」とは、人がいないことを言っているのである。）

司馬光の詩評を踏まえれば、「山河在」とは自然以外の人事は全て失われたことを、「草木深」とは市民は長安から逃亡して草木だけが茫々と生い茂っていることを詠んでいると解せる。

(二) 首聯の「言外の意」から見える情景

実は、「国語総合」の教師用指導書でも司馬光の詩評を紹介しているが、通釈には訳出していない。『校注唐詩解釈辞典』[15]も、「『無人』人が居ないということは、詩句の直接的表現というよりも、『言外の意』として読者の聯想に委ねられている面が強いと考え、通釈の表面にこれを明示することはしなかった。[16]」としている。

日本では、「国破れて山河在り」から、「戦後の焼け野原」や「三・一一」の東日本大震災の風景などを想起し、そこからの復興の合言葉のように口にすることが多い。これに関して堀誠（二〇一四）[17]は、「戦乱による破壊と自然のたくましさのコントラスト、そして日本における詩的な共感とその文学的な需要が基底に働くものと推測される。[18]」と述べる。

では、首聯の「自然」と「人」との対比を「言外の意」に基づき、「人」である杜甫の視点から「自然」と捉えたとき、その存在はどう映るのか。川合康三（二〇一二）[19]は、「『人』の立場にいる杜甫にとって、頼もしさを覚えるどころか、人であることの悲しさを思い知らされる。自然にとっては、人間なぞ無視できる程度のものにすぎない。[20]」とする。「春望」を詠んだ当時の杜甫にとって、「自然」とは無情な――「人」の情など解しない――存在であったと捉えるのである。このような自然観を、司馬光は「明無余物矣（余物無きを明らかにす）」「明無人矣（人無きを明らかにす）」という対比として提示している。これを「言外の意」、つまり首聯が暗示するものとして訳出しないにしても、現代の日本人には連想しにくい対比構造である。これも、日本の風土や文化的背景及び訓読文の影響等により、首聯の解釈が少なからず固定化されているからだろう。

四、「平泉」章段への展開

(一) 芭蕉にとっての杜甫「春望」

言うまでもなく、芭蕉(一六四四〜一六九四)にとって杜甫は「古典」である。ところが多くの生徒にとって杜甫も芭蕉も「昔の人」に過ぎない。この大雑把な時代感覚を修正しようと、筆者も高校教員当時、いろいろと試みた。比較的有効だったのは、杜甫の生年(七一二)が日本でいえば『古事記』が完成した年に当たると指摘したことだ。生徒は、二人の生年には九三二年の差があることを算出して、はじめて時間と空間の隔たりを認識していた。

次に教科書掲載の「平泉」本文(抜粋)を示す。

……衣川《ころもがは》は、和泉《いづみ》が城《じやう》をめぐりて、高館《たかだち》の下にて大河に落ち入る。泰衡《やすひら》らが旧跡は、衣《ころも》が関《せき》を隔てて、南部口をさし固め、夷《えぞ》を防ぐと見えたり。さても義臣すぐつて此《この》城に籠もり、功名一時の草むらとなる。「国破れて山河あり、城春にして草青みたり」と笠打ち敷きて、時のうつるまで涙を落としはべりぬ。

以下では司馬光の詩評を踏まえ、芭蕉が「春望」の首聯をどのように捉え、それを「平泉」の章段にどのように反映させていたかを考察する。

【考察】芭蕉が見た「平泉」の情景

芭蕉自身は、『杜律五言集解』((明)邵傅集)の注釈書を読んでいたとされる。(21) この書は司馬光の『温公続詩話』を載せているため、芭蕉は前述「山河在、明無余物矣。草木深、明無人矣」の詩評を知っていたと考えられる。そう仮定すれば、「平泉」の情景を、「自然」は無情な存在であるとする自然観に基づいて捉えることも可能であろう。

従来、中高の教科書では「平泉」で芭蕉の眼前に広がる情景を「青々と生い茂る草むら」としてきた。では、司馬光の解釈を踏まえた「平泉」の情景とは具体的にどのようなものなのか。塚越義幸（二〇〇〇）[22]は、芭蕉が『杜律五言集解』を踏まえていることを前提に、「……おのずから『国破れて山河在り』の詩情が彷彿としてくる。そして、五百年前の凄惨を極めた平泉の山河の世界から現実に戻ると、梅雨空にくすんで生い茂る草だけが目に入ってくる。自然とはなんと過酷な存在かと実感せざるを得ない。[23]」という解釈を示している。「城春にして草青みたり」の情景を、「梅雨の季節のくすんだ空の下に生い茂るくさむら」としているのが新たな視点と言えよう。

(二)「城春にして草青みたり」の「城」の読み方

「城」の読み方は訓読みか音読みか、朗読・暗唱に重点を置く入門期で問題となることが多い。「春望」の訓読で「城《しろ》」と訓じるのは、第一句の「国《くに》」と対を成すためであろう。加えて、漢文訓読では一字で意味が独立している語は訓読みを用いるという原則もある。（「鬼」のように、中国と日本とで意味が違う語は例外的に音読みを用いる。）一方、「平泉」で「城《じやう》」とするのは、『本朝文選』（森川許六編）所収の「弔古戦場文」が音読みをしていることに依ると推察される。[24]ここでは、「泉が城」、「此城にこもり」、「城春にしては」の三か所に音読みで読むことを示す傍線が附されている。『おくのほそ道解釈辞典—諸説一覧』[25]でも当該箇所を全て音読みしている。

これに対して、尾形仂（二〇〇一）[26]はこの三か所を「和泉《いづみ》が城《じやう》」「此城《このしろ》」「城《しろ》春にして」[27]と読む。さらに尾形は「此城」について、「『本朝文選』には『此城』と音読符を施すが、近世では『ジヤウ』より『シロ』という言いかたのほうが一般化していた。[28]」と解説する。結局、読み方は一つに定め難いのである。教科書で振り仮名を施さないのも、音読み・訓読みの両方を認める立場を示しているからだ。したがって、異なる読み方と出会ってもいずれかを誤りと断ずるのではなく、異説の存在を知り、読み方は単なる発音ではなく解釈をも伴うことを理解したい。

五、遠くて近い古典へ――理解し表現する糧に――

名作と言われる古典は評価や解釈が固定化していると思われがちだが、若い世代の学習者と読んでいると必ずしもそうではないことに気付く。「春望」の首聯では、彼らは日本人の共通認識を理解しながらも、「戦後の焼け野原」とは違う風景を想起していた。それは、日本史で学習した「応仁の乱」当時の京都であったり、芥川の「羅生門」に登場する荒廃した都大路であったりする。世界各地で勃発するテロや内戦を思い描く者もいる。古典はこれらを受け入れる度量を備えており、それ故に時代を超えて常に新鮮味を失わないのである。

今次改訂の『学習指導要領』では、国語科で育成を目指す資質・能力を「国語で正確に理解し適切に表現する資質・能力[29]」と規定する。古典だからと身構えずに古人との対話を楽しみ、暗唱したフレーズの一端を自己表現に生かせるようにしたい。「漢文」授業改善の視点として、現代の言語生活との関わりを視野に入れることは、もはや必然なのである。

注

（1）小学校は二〇二〇年四月から、中学校は二〇二一年四月から全面実施。高等学校は二〇二二年四月から年次進行で実施予定。

（2）中央教育審議会初等中等教育分科会教育課程部会報告「次期学習指導要領に向けたこれまでの審議のまとめ」（二〇一六（平成二十八）年八月二十六日）

（3）「active learning」は従来「能動的学習」「主体的学習」などと訳されている。

（4）『小学校学習指導要領解説国語編』（二〇〇八年八月、文部科学省）の九十三頁。（「第5学年及び第6学年」〔伝統

的な言語文化と国語の特質に関する事項〕ア（ア））

（5）二〇一五（平成二十七）年度使用開始の小学校国語教科書では、五社中四社が『論語』（「温故而知新…」三社、「学而時習之…」一社、「吾十有五而志于学…」一社、「己不所勿施於人…」一社など）を採録する。唐詩は、「春暁」（孟浩然）四社、「静夜思」（李白）二社、「絶句」（杜甫）一社、江南春（杜牧）一社、「尋胡隠君」（高啓）一社などを採録。なお、唐詩ではないが「春夜」（蘇軾）も二社が採録している。

（6）このような学習の身体化・内在化について松浦友久も、『漢詩―美の在りか―』（二〇〇二年一月、岩波文庫）の二三八～二三九頁で、「訓読漢詩は最初に覚えた読みを替えるのに違和感が大きい……これらは明らかに、訓読詩句の一字一句が、日本語の文語自由詩として血肉化し、読者の心情に深く滲透しているからにほかならない。」と述べる。

（7）現行最新の中学校国語教科書は、二〇一四（平成二十六）年度検定、二〇一六（平成二十八）年度使用開始のものである。

（8）堀誠「國語科教材の中の杜甫」（『生誕千三百年記念杜甫研究論集』二〇一三年十月、中國詩文研究會）

（9）同上論文に依る。

（10）「長恨歌」は、『白氏文集』では「諷諭」ではなく「感傷」に分類されるが、作品の背景に安史の乱前後の政治事情がある等「春望」との共通点が見られるので表5－2に示した。

（11）中尾本に「草青々たり」とあることに依る。

（12）佐藤正光「唐詩深読み―名作を読み込めば―」（『新しい漢字漢文教育』第五十八号、二〇一四年五月、全国漢文教育学会）

（13）同上論文に依る。

（14）中華経典詩話『六一詩話　温公続詩話』（〔宋〕欧陽脩・司馬光撰著・克冰評注、二〇一四年三月、中華書局）の一三七～一三八頁。

（15）『校注唐詩解釈辞典』（松浦友久編、一九八七年十一月、大修館書店）

（16）同上書の三四五頁。

（17）堀誠「杜甫『春望』という教材」（『早稲田大学大学院教職研究科紀要』第六号、二〇一四年三月、早稲田大学大学

院教職研究科）

(18) 同上論文に依る。

(19) 川合康三『杜甫』（二〇一二年十月、岩波書店）

(20) 同上書の九二頁。

(21) 日本古典評釈・全注釈叢書『おくのほそ道評釈』（尾形仂、二〇〇一年五月、角川書店）に依る。

(22) 塚越義幸「『国破れて山河あり、城春にして草青みたり』の解釈をめぐって」（『野州國文學』第六十五号、二〇〇〇年三月、國學院大學栃木短期大學國文學會）

(23) 同上論文に依る。

(24) 古典俳文学大系十『蕉門俳論俳文集』（大礒義雄・大内初夫校注、一九七〇年九月、集英社）所収「弔古戦場文」四六四頁。以下は該当箇所。

衣‐川は泉が城をめぐりて。高‐舘の下にて大‐河に落入ル。康衡が旧‐跡は。衣が関を隔て。南‐部口をさしかため。え（夷）びすをふせ（防）ぐとみたり。扨も義‐臣すぐつて此城にこもり。功‐名一‐時の叢となる。「国‐破れては山‐河あり。城春にしては草青みたり。」と。

(25) 『おくのほそ道解釈辞典』（堀切実編、二〇〇三年八月、東京堂出版）の一一八頁。

(26) 日本古典評釈・全注釈叢書『おくのほそ道評釈』（尾形仂、二〇〇一年五月、角川書店）

(27) 同上書の二三九頁。

(28) 同上書の二四六頁。

(29) 『小学校学習指導要領解説国語編』（二〇一七年六月、文部科学省）の六頁。（2「国語科の改訂の趣旨及び要点」①目標の構成の改善）

第六章

張継「楓橋夜泊」詩の読み方
――イメージ論の観点から――

井上　一之

一、はじめに

国語の教材として、詩歌を用いる場合、詩を散文化する、すなわち意味化する、ということを、私たちはとかくしがちである。叙事詩や哲学詩は、それもある程度可能であろう。しかし、叙景詩（叙景を主とした抒情詩）は、風景を散文化したとしても、意味＝主題ははっきりとは見えてこない。近年、若者の韻文離れが顕著であるが、その一因として、叙景句の読み方が難しい、ということがあるように思われる。

漢詩について言えば、唐よりはるか以前、すでに六朝時代において、風景がたんなる風景であることを止め、きわめて抒情的・主観的な要素を帯びるようになった。さらに、唐代に入ると、叙景句のみで構成される詩篇が作られるようにさえなってくる。それ以前は、篇中、とくに篇末に置かれていた、抒情句や説理句が省略され、詩は現実から切り取った風景だけを読者に提示するようになるのである。

この場合、意味よりもイメージが重要な役割を果たしていることが多い。詩人は、イメージによって感情や思想を伝えようとするのである。そうであれば、当時の読者に共有されていた詩語のイメージを把握することが、作者の伝えたいこと、作品の主題に近づく近道なのではないか。というより、それ以外に有効な手段は見当たらない。

「寒山寺」で名高い、唐・張継[1]（?～?）の「楓橋夜泊」もそうした一篇である。この詩は、古来、著名な文人の間で夥しい議論が交わされてきたことでよく知られるが、その論争の大半は、風景の解釈に起因する、と言ってもよい。本章では、「楓橋夜泊」に見える、いくつかの詩語のイメージを分析することによって、本詩の主題について考察を試みたい。また併せて、漢詩の読解における、イメージ論の有効性を検証できれば幸いである。

二、「烏」のイメージ

まず、詩の全文を以下に掲げる。

楓橋夜泊　　　楓橋に夜泊す

月落烏啼霜満天　　月落ち烏啼きて　霜　天に満つ
江楓漁火対愁眠　　江楓　漁火　愁眠に対す
姑蘇城外寒山寺　　姑蘇城外　寒山の寺[2]
夜半鐘声到客船　　夜半の鐘声　客船に到る

（『唐詩選』巻七）

さて、この詩をイメージ論の立場から見た場合、注目すべきものが三つある。「烏啼」、「愁眠」、そして「鐘声」である。

まず、起句の「烏啼」から検討してみよう。「烏の啼き声」は、私たち現代日本人にとって——高校生も含めて——（不気味な、または騒々しい）鮮烈な印象を与えるものであろう。だが、管見の限りでは、この語の聴覚的イメージに関して、解説を加えた指導書・教科書(3)はないようである。

漢詩における「烏」は、「烏夜啼　八曲」（伝六朝宋の劉義慶作）をはじめ、六朝後半の楽府西曲から詩材化され、それ以降、夜に啼くのが、伝統的イメージだと言ってよい。たとえば——

城烏啼眇眇　　城烏　啼くこと　眇眇たり
野鷺宿娟娟　　野鷺　宿ること　娟娟たり

（杜甫「舟月、對驛近寺」）

地閑春草緑　　地は閑かにして春草　緑なり
城静夜烏啼　　城《まち》は静かにして夜烏　啼く

（李嘉祐「和袁郎中破賊後、経剡県山水上太尉」）

天河漫漫北斗粲　　天河　漫漫として北斗　粲たり
宮中烏啼知夜半　　宮中　烏啼き　夜半を知る

（王建「舞曲歌辞・白紵歌二首」其一）

このように、本詩の作られた唐代、楽府作品のみならず、徒詩（音楽と無関係に作られた詩）においても、「夜烏」はしばしば詠われており、しかもいずれも「静かな夜のとばりに響く鳴き声」であって、現代人のイメージするような騒々しく不快な鳴き声でないことに留意したい。さらに、烏は「祥禽」[4]（めでたい鳥）ともされており、不吉な、禍禍しいイメージとも異なることは指摘しておいてよいだろう。そもそも、古代の中国文化において烏は「慈烏」・「孝烏」と称され、「反哺の義」[5]（子が親の恩に報いる）を象徴する善なる鳥だったのである。

それはともかく、漢詩において「烏」は、夜半に啼くこと、そして「城烏」というように、城郭・宮殿内に棲む（人間の生活圏にいる）ことが確認される。つまり、本詩の起句「月落烏啼」という情景は、①時間が夜半であること、②語り手のいる場所が（姑蘇）城内であること、という二つの情報を伝えているわけである。さらに、その聴覚イメージは、深夜の到来を知らせるほどであるから、③比較的大きな、甲高い声（烏は、「啞啞」と啼く）であったと推察される。もっとも、烏の鳴き声の美醜は問題ではなく、ポイントは、烏の声しか聞こえない夜の静けさの方にあることは言うまでもない。

三、「愁眠」の連想

次に注目したいのが、承句の「愁眠」である。

この語について、現行の教科書・指導書の多くは、「愁いながらまどろむ浅い眠り」[6]と見なして、「うとうと」、「うつらうつら」という注釈を加えている。この解釈は、必ずしも現代に始まるものでなく、実は相当に長い歴史がある。すでに江戸時代、雪（説）心素隠『三体詩素隠抄』巻一に「愁眠ト云ハ、愁人ハ眠ルカトヲモヘバ、チャット目ガサメ、目ガサムルカト思ヘバ、トロトロトネムルヤウニアルソ…」とあり、「愁眠」を「うたたね」

（半寤半寐）の状態と解釈している。また、「川ばたの楓の間から『漁火』のすなどりする火が、『愁眠』の一寝入りしてさっぱりとさめぬ目にうち対して、見ゆる。さては夜が深い」という、服部南郭『唐詩選国字解』のように、「愁眠」を「一寝入り」とする解釈もかつて行われていた。では、「愁眠」とは、どのような状態を意味するのだろうか。同時代の用例を見てみよう。
愁眠羅帳暁　　愁眠す　羅帳の暁
泣坐金閨暮　　泣坐す　金閨の暮
（袁暉「長門怨」）

怨坐空然燭　　怨坐　空しく燭を然《も》やし
愁眠不解衣　　愁眠　衣を解かず
（王諲「閨情」）

水宿知寒早　　水宿　寒さの早きを知り
愁眠覚夜長　　愁眠　夜の長きを覚ゆ
（権徳輿「江城夜泊寄所思」）

去去辺城騎　　去り去りて辺城に騎り
愁眠掩夜閨　　愁眠　夜閨を掩《と》づ

披衣窺落月　衣を披《はお》りて　落月を窺ひ
拭涙待鳴鶏　涙を拭ひて　鳴鶏を待つ
（趙嘏「倦寝聴晨鶏」）

これらの用例を見る限り、「愁眠」とは「眠」とは言うものの、眠っているとはおよそ考えにくい。権徳輿の詩に「愁眠覚夜長」、趙嘏の詩に「拭涙待鳴鶏」と言うように、「愁眠」は、「明け方まで一睡もしないこと」を謂うのであって、「うたたね」というよりは、眠れない方に重点のある語だと考えられる。また動詞「眠」について言えば、袁暉「長門怨」、王諲「閨情」において、一夜の情景として「坐」との対偶関係の中で用いられていることから、「起きあがった」状態の「坐」に対して、「横になっている」状態を謂うのであろう。愁いに沈みながら横になっているわけである。

ところで、ここで注目すべき点は、この語のイメージ（連想）である。「愁眠」の、現存最古の用例は、袁暉、そして王諲の二つの用例であるが（張継の造語ではない）、いずれも詩題に明らかなように、「愁眠」とは〝閨情〟の用語であって、思婦（もの思う女性）の憂念を連想させる詩語であったと目される。ちなみに、既述の「夜烏」もまた、閨情への連想をもつ詩語である。その源泉は、六朝時代の「烏棲曲」に求められよう。

倡家高樹烏欲棲　倡家の高樹　烏棲まんと欲す
羅幃翠帳向君低　羅幃翠帳　君に向ひて低《た》る
（梁・簡文帝蕭綱「烏棲曲　四首」其三）

東房少婦婿従軍　　東房少婦　婿　軍に従ひ
毎聴烏啼知夜分　　烏の啼くを聴く毎に夜分を知る
（王昌齢[7]「烏棲曲」）

このように、張継の時代、すでに「烏啼」も「愁眠」も、読者にとっては閨情を連想させる詩語であったことは留意してよい。それを張継は「羇旅《たび》」の詩に転用したのである。

閨情のイメージをもつ「烏啼」・「愁眠」を、旅の詩に持ち込むことは、むろん旅の詩の典型を逸脱するものであるが、ゆくりなくも閨情特有の艶めかしさをもたらすことになり、それが盛唐詩に見える研ぎ澄まされた精神の昂ぶりよりも、侘びしくも美しい愁いを読者に印象付けることになっている。この場合、承句の「赤く色づいた岸辺の楓（江楓）」と「赤く揺れる漁船のいさり火（漁火）」が、より一層の効果を挙げていることは容易に実感されよう。そしてこの点が、それまでの「旅の詩」になかった、本詩の新しさなのである。

四、「鐘声」のイメージ

最後に、第三として、「鐘声」のイメージを検討してみたい。

「鐘」の用例は、『全唐詩』に約一三〇〇例あり、このうち「鐘声」が一〇〇例、認められる。時期的に見ると、初盛唐期に約一五例しか見られなかったものが、中唐期には飛躍的に増加している。これは、仏教の隆盛という当時の社会状況と、あるいは関係があるかもしれない。

さて、用例を分析すると、総体的に山寺や僧侶と関連する詩に多く用いられているようであり、また「朝の鐘声」も相当数あってイメージにバラつきがあるが、「夜の鐘声」に限って言えば、ほぼ一つのイメージに収斂される。それは「寂寥感」である。

新秋松影下　　新秋　松影の下
半夜鐘声後　　半夜　鐘声の後
（白居易「宿藍渓対月」）

楼影暗連深岸水　　楼影は暗く連なる　深岸の水
鐘声寒徹遠林煙　　鐘声は寒たく徹す　遠林の煙
（張祜「秋夜登潤州慈和寺塔」）

寥落霜空木葉稀　　寥落たり　霜空《あきぞら》　木葉　稀なり
初行郊野思依依　　初めて郊野を行き思ひ依依たり（首聯）

山影暗随雲水動　　山影　暗かに雲水に随ひて動き
鐘声潜入遠煙微　　鐘声　潜かに遠煙に入りて微なり（頸聯）
（劉滄「晩帰山居」）

これら「鐘声」の用例を見ると、秋の景物として詠まれることが多いようで、霜の降る冷たい夜気の中に響く鐘の音である。「声」とは言うが、しかし、荘厳で力強いものではなく、微かな侘びしい音声である。そして、この〝侘びしさ〟は、必ずしも厭うべきものではなく、むしろ唐の詩人たちにとって、審美的対象となっていることが確認できる。

しかし、ここでより重要なポイントは、「鐘声」が「望郷」への連想をほとんどまったく持たない、という事実である。一般に、旅の詩は、「望郷・郷愁」をテーマとする傾向が強く認められる。第一に、『詩経』（「陟岵」等）に由来するからであり、第二に、旅とは異郷に身を置くことであって、それが故郷との離隔を意味するため、誰もが望郷の念を感じ取りやすいからである。すなわち、モチーフとテーマの親和性が高いと言える。

この意味において、現行の指導書[8]が「鐘声を聞いて、旅愁を募らせた」と解釈するのは、正しい。だが、当時の用例を検討する限り、本詩の読者が、「鐘声」から「旅愁」を感じ取っていたのか、疑わしい。少なくとも、本詩が「郷愁」を主題としないことは確かであろう。唐の詩人たちは、故郷・家人への思いを深めるというより、鐘の音の〝美しさ〟をただ鑑賞しているだけのようである。

こうして見ると、本詩の主題が、旅の詩特有の「望郷・郷愁」ではなく、「寂寥感」にあるとしても、あながち見当はずれということもあるまい。起句「霜満天」、承句「江楓」・「漁火」いずれも寂寥への連想をともなっており、全篇を通してイメージは一貫していると言える。ちなみに、中国においてこの点を明確に指摘したのは[9]、「塵市喧闐之処、只聞鐘声、荒涼寥寂可知（塵市喧闐の処、只だ鐘声を聞くのみ、荒涼寥寂たること知るべし）」という、清・沈徳潜（一六七三～一七六九）の『唐詩別裁集』である。

五、結　語

以上、「楓橋夜泊」詩の解釈について、これまであまり論じられてこなかった「烏啼」、「愁眠」、「鐘声」のイメージを中心に若干の考察を試みた。その結果、本詩の語り手は——①夜半に（烏啼）、②横になって一睡もせず（愁眠）、③「江楓」と「漁火」を舟から眺めながら、侘しい鐘の音（鐘声）に耳を傾けている、ということになるだろう。

この「横になって鐘の音を聴く」という状況設定は、白居易「香炉峯下、新卜山居、草堂初成、偶題東壁（香炉峯下、新たに山居をトし、草堂初めて成り、偶たま東壁に題す）」其四の頷聯——

遺愛寺鐘欹枕聴　　遺愛寺の鐘は枕を欹《そばだ》てて聴き
香爐峯雪撥簾看　　香爐峯の雪は簾を撥《かか》げて看る

を想起させることは言うまでもない。両詩の影響関係は詳らかでないが、白詩においても、「鐘声」は、審美的対象＝「風流な鐘の音」であって、決して（孤独を実感させるような）厭わしいものでないことは無理なく了解されるだろう。

本詩について言えば、詩題に示されるモチーフ（旅の夜）から、テーマとして「郷愁」または「旅愁」を想定しがちである。が、イメージ論の観点から改めて検討してみると、作品そのものは、「寂寞・寂寥」を志向しているように思われる。少なくとも、当時、本詩の読者たちは、そう理解したであろう。

注

（1）解釈上の問題点を整理したものとして、松浦友久編『唐詩解釈辞典』（一九八七年、大修館書店）二四一頁（田中和夫執筆）、漢詩漢文教材研究会編『漢詩・漢文解釈講座第4巻　漢詩Ⅳ　中・晩唐以降』（一九九五年、昌平社）十三〜二十二頁、三沢玲爾「『姑蘇城外寒山寺』小考」（一九八六年、『八代学院大学紀要』第三十号）がある。なお、大きな論点は、①起句〜結句までの時間的推移、②詩題の異同、及び詠まれた場所、③「烏啼」＝固有名詞説、④「寒山寺」の解釈、⑤「夜半鐘声」の実在、に類別される。

（2）「寒山寺」については、唐代、その名の寺院が確認できないことから、固有名詞ではなく、①「山寺　寒し」（三沢論文）、②「寒山の寺」（植木久行編『中国詩跡事典』（二〇一五年、研文出版）、二五七頁、佐藤浩一執筆）と解釈する説が目下、有力である。なお、東京都青梅市にも「寒山寺」がある。これは、中国の寒山寺（江蘇省蘇州市）から託された釈迦仏木像を祀ったもので、昭和五（一九三〇）年に建立された。

（3）本詩を採録する教科書に、筑摩書房『新編古典』（平成二十年）、桐原書店『探求国語総合』（平成二十五年）、東京書籍『精選古典B・漢文編』（平成二十六年）、右文書院『古典・漢文編』（平成二十六年）、三省堂『高等学校古典B』（平成二十六年）がある。

（4）晋・成公綏「烏賦序」（『芸文類聚』巻九十二所引）。

（5）『琴説』（『楽府詩集』巻六十所引）には「烏有喜声、父必免」とあり、劉義慶「烏夜啼八曲」同様、当時、烏が夜啼くことは、皇帝から慈悲（恩赦）が下る前兆とみなされていたようである。

（6）右文書院『古典』（平成十六年）、桐原書店『探求国語総合』（平成二十五年）の指導書も、「うつらうつらしている浅い眠り」と注する。

（7）『全唐詩』巻二十一および巻二百八十四では、李端の作とする。

（8）桐原書店『探求国語総合』【指導資料】（平成二十五年）第五分冊　漢文編に、授業展開例として、「問　第四句には、作者のどのような心情が込められているか」に対する模範解答、「旅の途中で船中に夜泊した作者が、夜半浅い眠りの中で寒山寺の鐘声を聞き、旅愁を募らせていく心情」が例示されている。

（9）日本においては、本詩を「寂寞」の詩とする読み方が、すでに南北朝時代にはあったようである。『太平記』巻十八「先帝潜幸芳野事」には、次のようにある。

主上は重祚の御事相違候はじと、尊氏卿様々被申たりし偽の詞を御憑有て、自山門還幸成しか共、元来謀り進せん為なりしかば、花山院の故宮に被押篭させ給、宸襟を蕭颯たる寂寞の中に悩さる。霜に響く遠寺の鐘に御枕を欹て、楓橋の夜泊に、御哀を副られ、梢に余る北山の雪に御簾を撥ては、梁園の昔の御遊に御涙を催さる。…

■付記■

本章は、「日中における『楓橋夜泊』の受容」(『国文学研究』第三十八号、二〇一八年三月、群馬県立女子大学国語国文学会刊)を改めて書き直したものである。

第七章

韓愈「雑説」考
――教材における意義を踏まえて――

樋口　敦士

一、はじめに

韓愈の論説文「雑説」は高等学校の教科書に広く採録される定番教材の一つである。特に、冒頭の「千里の馬は常に有れども伯楽は常には有らず」の一文は人口に膾炙し、逸材「千里馬」がその才能を遺憾なく発揮するためには適切な指導者「伯楽」の存在が不可欠であることを読者に強く訴えかけている。我が国では既に江戸時代において「千里の馬は有れども一人の伯楽なし」の故事成語が松浦某編の『世話支那草』（一六六四年刊）、貝原好古編の『諺草』（一七〇一年刊）などの書籍に韓愈の名とともに記載されていることからも、当時より広く使用されていた形跡が窺える。

本来「雑説」は四篇の言説から成り立っているが、『古文真宝後集』、『文章軌範』、『唐宋八家文読本』などには「雑説」のうちの一篇もしくは二篇が所収されるのみである。その四篇は『韓昌黎集』巻十一には全て見ることができる。すなわち、竜と雲を例にとって君臣間の相互関係を説く「竜説」、医術にたとえながら本質的な政治機構の整備を説く「医説」、人語を話す鶴を引き合いに外見ではなく内面に価値を見出すべきことを説く「鶴説」、そして「千里馬」と「伯楽」の寓話で名君の不在を嘆く「馬説」の四つの説である。我が国で「雑説」と言えば、もっぱら「馬説」のみを指すことが一般的である。

本章では、高等学校国語教材「雑説（馬説）」の「学習のねらい」に焦点を当てて現状を踏まえ、その意義と課題を考察する。

二、高等学校国語教材における採録状況と「学習のねらい」について

まず、二〇〇九（平成二十一）年三月告示『高等学校学習指導要領』に基づく国語教材においての採録状況を確認する。二〇一七年現在、「雑説」は、「国語総合」で七社十三種、「古典B」で三社三種に所収され、概ね「国語総合」においてこの教材が重視されている状況が窺える。大修館書店「国語総合」教科用指導書の「教材としての『雑説』」の項目に次のようなねらいが見える。

千里を駆ける名馬に託して痛烈な社会批判を展開した寓意の名文である。短い文章であるが、内容、表現ともに出色の作といってよいであろう。（中略）この文章がもつ表現の力強さは必ずや生徒たちにも伝わるであろう。無駄な部分をそぎおとし、比喩を用いつつ論を展開するといった表現の方法は、現代の平易さを重んじる表現に慣れた生徒たちに、また新たな表現への視点をもたらしてくれるであろう。指導にあたっては、繰り返し音読し、歯切れの良い訓読の口調を味わうとともに寓意の内容についても深く考えさせるようにしたい。

この記述からは、⑴「論難的要素」・⑵「寓喩的要素」・⑶「文体的要素」の三つの特徴が読みとれる。現実社会

における不遇感から生じた批判精神を寓意で包み込んで、尚且つ簡潔で力強い表現で描かれていることは誰しも気づくところではないだろうか。

作者韓愈、字は退之。昌黎先生とも呼ばれた。中唐を代表する文人であり、同時代の柳宗元や宋代の王安石、蘇軾などとともに「唐宋八大家」と総称される。苦難の中、二十五歳で進士に及第し、三十六歳には監察御史となるも、京兆尹の李実の悪政を弾劾したことからかえって左遷されることになった。後に復職するも五十二歳の時、時の皇帝憲宗に上奏した「論仏骨表」の仏教批判により、皇帝の怒りを買って潮州の刺史に左遷され、その後五十七歳で病没。漢以前の古文復興運動に尽力したことは最大の功績により「文公」と諡《おくりな》された。「雑説」に韓愈の生涯を重ねることで、作者の不遇感への理解は深まるであろう。果たして韓愈はその心情を効果的に伝えるためにどのような要素を盛り込んでいるのだろうか。前記の三点を取りあげて順に考察したい。

(一) 論難的要素

大木康は、「送孟東野序」の記述から韓愈を「不平の文学」を自覚的に整理して述べた人物として捉えている。草木や水は何もない状態、つまり「平」なる状態にあっては音を立てないが、何者かがそれに刺激を与え、「平」が失われたときに音を発するように、人の言語も平衡を失した状態を表明したものと定義して、これを韓愈の文章の魅力としている。(1) 一般的に「雑説」に見える人材登用への諷刺は作者の不遇感から生じた慨嘆と受けとられがちであるが、三上英司はこれを現状への批判と提言のみで執筆されたわけではなく、適切な形式（直接的な批判を避け、諷喩によって真情を伝える）で表現し得る能力を持つ自己の存在を世に知らしめる宣伝としての目的もあったと述べる。(2) この他に、「雑説」の成立には既成文学観への反発があったことも指摘される。科挙制度により中小地主階級出身の新興勢力がそれまでの門閥貴族系官僚に取って代わる中唐期の時代背景に照らして、末岡実はこれまで主流であった詩賦や駢文が形式に縛られ内実の伴わない貴族のものであった状況にあえて異議を唱えてまで古文復興運動を推進した韓愈のねらいは門閥貴族への対抗心からであったと見ている。[3] 韓愈は「故に名馬有りと雖も、祇だ奴隷人の手に辱められ、槽櫪の間に駢死して、千里を以て称せられざるなり」と記したが、末岡は二頭立て馬車「駢」が一対の詩句を指す「駢文」に通じることを踏まえながら、これも「駢死」なる熟語の使用は韓愈による「駢文」を当てこすったものと推測する。

(二) 寓喩的要素——「伯楽」と「千里馬」をめぐって——

「千里馬」と「伯楽」の関係については様々な典拠からの考察がなされている。名馬の鑑定家「伯楽」はもともと「孫陽」の別名であったとされるが、現代では名監督などすぐれた指導者にたとえられる場合が多い。「雑説」に描かれた「伯楽」や「千里馬」は先秦諸子の言説や漢代の史書にしばしば登場する。『戦国策』燕策二には「伯楽の一顧」という故事成語がある。ある人からの依頼で馬を一瞥した伯楽の姿（「伯楽の一顧」）により当該馬に高値が付いた逸話であり、「相馬」における伯楽の信用度の高さを物語っている。同じく楚策四には「塩車を引く驥」の寓話が見え、塩車を引いて坂道を登る過酷な労働に従事させられた「驥《き》（名馬）」を目の当たりにした伯楽が同情し、手にしていた麻の衣をかぶせる様子が描かれる。『韓非子』説林下には伯楽の鑑定方法の伝授についての一説がある。伯楽は自らが好む者には常馬の鑑定法を教え、憎む者には逆に千里馬の鑑定法を伝えた話である。常馬は非常に数が多くその鑑定法も実用的だったのに対し、千里馬はそもそも稀少な存在であるため実際に役立つことは少ない。伯楽は好む者には実利を与えたのがその理由である。さらに遡ると、『楚辞』九章（懐沙）には伯楽を詠み込んだ一節が見られる。

伯楽既没　　伯楽既に没し

驥焉程兮　驥焉《いづく》にか程《はか》らん

孤独の中で衆に群れずにいた屈原が、伯楽（名君）不在のため駿馬（賢臣）として世に出られない現状を嘆いたものであり、韓愈の「雑説」よりも切実な響きが読みとれるのではないか。

一方、「千里馬」が単独で用いられているものに定番教材の一つ「先従隗始」（『戦国策』燕策一・『十八史略』春秋戦国）がある。混乱期に燕の君主となった昭王が国力を高めて斉国に報復する政策について食客郭隗に諮問した際、郭隗が持ち出した寓話の中に「千里馬」が登場する。――昔、ある国に涓人《けんじん》（召し使い）に千金を渡して「千里馬」を買い求めに行かせた君主がいた。涓人は八方手を尽くしたが、「千里馬」の入手には至らなかったため、一策を講じて誰も見向きもしない死んだ馬の骨に五百金を出して買うというパフォーマンスを演じる。案の定、涓人の噂は広まり、一年以内にこの国に「千里馬」が三頭もやってくる――郭隗はこの寓話を掲げて、自分を優遇すればさらに優れた賢人が自然と集まる道理を説き、昭王もその策を用いたところ楽毅などの優秀な人材が集まり、悲願の斉報復を実現する。こうした故事からは「千里馬」が人々の垂涎の的であった事実が窺い知れよう。

こうした寓話とは逆に、「伯楽」と「千里馬」との関係性を懐疑的に描いたものに『荘子』馬蹄篇がある。伯楽が馬に焼きごてを当て、面繫《おもがい》や絆《ほだし》で縛り付け、無理に疾走させた末に、二、三割の馬を死に至らしめた経緯が語られている。この伯楽像は、韓愈「雑説」における「奴隷人」の姿を彷彿とさせるものがある。「無為自然」を掲げる老荘思想にとっての「伯楽」は、厳しい調教によって馬の天性を奪い取った批判すべき対象として描かれる。このように、「伯楽」と「馬」との結びつきは必ずしも強固なものとは言えず、その関係性を否定的に捉えた寓話もあるのが事実である。

谷口匡は「説」を戦国時代の遊説家が盛んに用いた弁論であると定義し、韓愈の「雑説」はこうした故事言説を下敷きにした「説」の系統に属するとの見解を示した。(4)「伯楽」や「千里馬」を取り扱った寓話は、この他に『列子』説符篇や『呂氏春秋』季秋紀知士篇や精通篇などにもあり、こうした視点に着目することで多くの漢文作品との有機的な連絡関係を持つことも期待できる。特に、思想教材に用いられる例も多いことから、先秦時代の諸子百家への関連付けも可能になろう。

(三) 文体的要素

吉川幸次郎は「雑説」の文体について「四字句の寡少」に着目し、冒頭部の「世有伯楽」、結末部の「天下無馬」の二箇所を除き、四句以外の句が長短錯落し、自由な活発なリズムを生んでいると述べた(5)。韓愈が古文復興を主唱した当時にあっても、世間一般の文章は旧来の「四六駢儷文」であった。流行美文への対抗意識を持った韓愈の文章から唐代の古文復興の軌跡を読み取る必要が生じる。こうした側面から眺めれば、漢文導入の性質を持った「国語総合」よりは、やや高度な内容を取り扱う「古典B」に適した教材であると判断される。

明治書院「古典B」教科用指導書の「選定の理由」には「何より重要なのは、簡潔な表現や、明快な漢文の語調に親しみ、大胆な展開、論理的な構成などを、訓読を通じて興味を持って把握できるようにすることである」とあり、訓読に慣れたうえで文章表現や論理的思考を学ばせることに主眼が置かれている。「雑説」が「国語総合」においては「文（章）」の名目で単独での採録、もしくは「唐代の詩文」の名称で漢詩とともに配列されているのに対し、「古典B」では陶淵明や柳宗元などの文章と組み合わされた単元構成である点に特徴が見られる。わずか百五十字程度の文章にもかかわらず、構成段落が教科書によって三～五と見解が相違し、細密な分析が試みられている点にも注目できる。

以上、「雑説」の特徴をいくつかの観点から眺めた。(一)「論難的要素」について、「雑説」に見える不遇感は、読者である高校生には共感を与えるものとは言い難い。ただ、優秀な指導者不在により個人の資質が適切に見出されない不条理な現実は容易に想像がつくところであり、現代社会への様々な事象に読み換えることも可能になろう。また、「雑説」は単なる社会諷刺と見るべきではなく、「自薦文」としての性質も兼ね備えている。批判精神のみがいたずらに強調されることがないよう教師側からの適切な指導が必要となる。

ここで一つの試みとして『論語』との比較を提案したい。学而篇冒頭に見える「人知らずして慍《うら》みず。亦た君子ならずや」——世間に正当に評価されなくとも不平を持たないのが君子である——は、明らかに「雑説」とは見解を異にするものである。漢文教材の中から相反する見解をテーマに取りあげて、生徒に話し合わせて比較検討させることもまた有効な指導法である。㈡「寓喩的要素」からは、「千里馬」、「伯楽」、「奴隷人」のイメージを話し合わせることで、故事成語や寓話への関心が深まることも期待できる。

現在、「雑説」は「国語総合」で多く採録され、より高度な内容を取り扱う「古典B」では少ない状況がある。㈢「文体的要素」については唐宋の八家文の概説にとどまっており、韓愈の文体への意識もやや希釈された印象を受けるが、かつてはこの点が単元の中心に据えられた時期があったのである。

三、教材としての「雑説」観の変容

古典指導を系統立てる必要により、「現代国語」と「古典科目（甲・乙Ⅰ・乙Ⅱ）」の二分化される教科構造を始めて取ったのは一九六〇（昭和三十五）年告示『高等学校学習指導要領』（一九六三年施行）からである。「漢文」が独立した科目ではなくなり、「古典」に統合されて現代まで続く教育課程の原型となった。高度経済成長期を背景に国語教育にとっても経験主義から能力主義への転換点となる画期的な時代であったが、「読解」指導が中心に据えられたことも見過ごしてはならない。この時期に「雑説」の教材的な意義を考察した田部井文雄氏は、一九六三年以降十年間の古典乙Ⅰ・乙Ⅱの教科書十八種を調査して唐宋八大家のうち六家、中でも「雑説」が群を抜いて多いことを報告し、「八家文」の指導目標を次のように述べている。

(1) いわゆる古文を、四六駢儷文と比較して読み、その文体の特質について簡潔明快な筆致・論理的な構成・論述の妙味（隠喩・寓意などの）などの諸点から理解させる。（併せて、古文復興運動の文学史的意義についても触れる）

(2) 論説文としての内容、すなわち、その文において主張されている筆者の真意を、そこに展開されている論理・主張・諷刺・批判などの理解を通じて、正確に把握させる。（併せて、その内容の現代的意義についても考えさせる）

(3) 各自の文章表現（特に論説的・評論的な文章）の模範として、どのような点を学ぶべきか検討理解させる。[6]

さらに、現代国語の必修単位が三年間で最低七単位を確保されたのは、文章の書けない若者を憂える社会的要求があったことを挙げ、「唐宋八家文」のような教材をその観点から教室で深く吟味し、朗読暗唱することで、高校生の文章表現力の質を高める助けになると指摘した。具体的には四六駢儷文（例えば、李白「春夜宴桃李園序」等）と比較して読むことで、その文体の特質について簡潔明快な筆致・論理的な構成・論述の妙味などの諸点から理解させること、論説文としての内容、主張されている筆者の真意を論理・主張・風刺・批判などの理解を通じて、正確に把握させること、各自の文章表現（論説的・評論的文章）の模範としてどのような点を学ぶべきか検討理解させることを指導し、生徒の文章表現力の質を高める助けとなることを念頭に入れた教材の設定意義にも言及している。

当時の大修館書店『新制高等漢文〔乙二〕』（一九六六年）の「単元の意義」には次のようにある。

すなわち、文章は、あくまでも内容そのものに主眼を置き、実用を第一義とすべしと考えた古文精神への復帰であって、これが世に言う唐宋時代の古文復興運動であり、そして、その先駆者が唐代の韓愈・柳宗元の二大家であって、それがさらに宋代に入って、欧陽脩や蘇軾等の、次々と輩出した大文豪の手に引き継がれ、以後数百年にわたって、人口に膾炙される名編を生み出す結果となったわけである。

作者の古文復興の文章精神を強調したうえで、後の宋学への橋渡し的な役割についても触れている。前掲の三上は一九五四年から一九九四年までの四時期の教育課程段階における「雑説」の採録教科書数を調査し、一九九四年当時は概して「国語Ⅰ」よりも「国語Ⅱ」の方に圧倒的に多く採録されていた状況を報告する。[7] 二〇一七年現在、「雑説」は「古典B」よりも「国語総合」に多く採録されている状況とは著しく性質を異にし、その後の改訂を経て教材観が変容したことが考えられる。「学習のねらい」ではしばしば「唐宋八大家」や「古文復興運動」などの事項と結び付けられるが、現在では内容理解の面に重点が置かれており、文学史的な意義が後付けされた感は否めない。重要句法や寓意性に主眼が置かれたことから、基礎教材としての扱いを受けている「雑説」がそもそもは読解指導における表現をねらった単元教材だった点には注目しておきたい。

四、「雑説」の字義についての考察

「雑説」本文においてまず注意を要したいのは「伯楽不常有」の箇所における部分否定である。これは「常」と「不」の位置関係の違いで全部否定と部分否定に読み分けられるものである。伊藤東涯の『新刊用字格』（一七二四刊）には、「不常」「常不」の項目が取られ、次のような説明が施されている。

不常ハ不必ノゴトシ。常不ハ必不ノゴトシ。常不勝トアル毎《いつ》モ定マリテ勝タズ。必ズ負ケルト云フコト。不常勝トアルハ時ニヨリテ勝ツコトモアリ又勝タヌコトモアリテ定マリテ勝タヌト云フコト。

否定詞（不・無）の下に副詞（常、必、甚、倶）が置かれる部分否定は頻出する必須句法である。定番教材では「師不必賢於弟子」（韓愈「師説」）、「不甚求解」（陶淵明「五柳先生伝」）、「其勢不倶生」（曾先之『十八史略』「刎頸之交」）などが見られる。また、「雑説」本文には、限定「祇」、可能「能」、反語「安」、逆接「雖」、願望「欲」、詠嘆「嗚呼」といった重要語句も用いられている。

江戸時代の文人頼山陽は「千里（馬）」が七回使用されながらも変化に富んでいることを指摘したが（『増評唐宋八家文読本』）、この他に「食」字の多用も注意すべきところである。「食」には「くらふ」と「かふ（やしなふ）」の両義があり、文中で使い分けられる。現行の教科書では「a食馬者、不知其能千里而b食也」の箇所は通常「馬をa食《やしな》ふ者は、其の能く千里なるを知りてb食《やしな》はざるなり」と訓読し、「馬を養う者はその馬が千里を走ることを知ったうえで養っているわけではないのだ」と解釈するのが一般的である。このように、a「食」、b「食」双方とも「やしなふ」と読み慣わすものには『古文真宝後集諺解大成』（林羅山諺解・鵜飼石斎増述）があり、現代でもこの説が多く踏襲されている。この通説に対し、朱子はa「食」は去声で「やしなふ」、b「食」は入声で「くらふ」と区別しており、b「食」の下には目的語の「一石」が省略されていると解釈した。朱子の別解に倣えば、「馬を養う者はその馬の能力が千里を走れるから（大量の穀物を）食べることを知らない」という文意となる。これに拠った清水茂（朝日新聞社『唐宋八家文上』）の解釈を支持する研究者からは、国語教材において朱子の説に全く触れていないことを疑問視する声も出ている。[8] 韓愈の名文を繰り返し読み深めることで、一語一語を吟味する鑑賞態度も身につくものと考えられる。

五、まとめとして

従来、「雑説」は定番教材として日本ではなじみのある作品であるが、二〇〇九（平成二十一）年三月告示『高等学校学習指導要領』に準拠した国語教材の採録状況からは半世紀前のものとはその教材観に揺れが生じている現状も窺えた。そもそもは文章表現に着目する教材であったことにも留意したいところである。[9]

ここで改めて表題について取りあげたい。星川清孝は、「雑説」四篇が「全体として統一した名題がない」と解しているが[10]、松本肇は「この不遇感は連作形式の四篇の作品の交響から湧出したものであり、そのような不遇感を韓愈は『雑説』というタイトルの中に封じ込めたのではないだろうか[11]」と概観する。「雑説」は末尾の「馬説」のみに焦点を当てるのではなく、君臣間の連帯感や内面の重要性を説いた他の三説への意識を持つことが韓愈の創作意図にも通じることになろう。韓愈の「雑説」が複数の構成要素を持った魅力的な教材であることは改めて言うまでもない。単なる句法確認や本文理解にとどめず、この漢文教材が果たしてきた文学的意義をしっかりと認識しながら効果的に指導することが重要である。

注

（1）大木康「不遇の友」（『不平の中国文学史』一九九六年十月、筑摩書房）

（2）三上英司は「教科書教材としての韓愈『雑説』」（『函館国語』十一、一九九五年十一月）に述べるが、田部井文雄も韓愈を単なる「不平分子」と読まずに、「公憤」の口調を確認すべきだと説いている（後掲（6）による）。

（3）末岡実「韓愈の『雑説（千里の馬）』を読む」（『フェリス女学院大学国文学論叢』一九九五年六月）

（4）谷口匡「『雑説』が書かれるまで」（『京都教育大学国文学会誌』四十四　二〇一六年七月）

（5）吉川幸次郎「近世の議論の文章としての『古文』」二二五頁（『漢文の話』二〇〇六年十月、筑摩書房／初出一九六二年十二月）
（6）田部井文雄「詩文類Ⅱ唐宋八家文」一五六頁（増淵恒吉ほか編『高等学校国語科教育研究講座』第十一巻、一九七四年十月、有精堂）
（7）前掲（2）による。
（8）岩見輝彦「千里の馬は大食らい—韓愈『雑説』の『食』字について」（『早稲田大学国語教育研究』二十三、二〇〇三年三月）、また前掲（3）にも同様の主旨の指摘がある。
（9）加藤和江「『雑説』に学ぶ意見文の書き方」（『漢文教室』一八四、一九九八年五月、大修館書店）、梅木裕「漢文教材『雑説』から作文への試み」（『国語教室』七六、二〇〇二年十一月、大修館書店）など、高校二年生に向けて「雑説」を用いた文章指導についての実践報告も見られる。
（10）星川清孝『新釈漢文大系　唐宋八家文読本一』「題意」九三頁（一九七六年三月　明治書院）
（11）松本肇「韓愈の『雑説』について」九五頁（『唐代文学の視点』二〇〇六年十月　研文出版）

■参考文献■

前野直彬（一九七六）『韓愈の生涯』秋山書店
山本昭（一九八九）『漢文　教材の研究　第六冊文章篇』溪水社
小野四平（一九九五）『韓愈と柳宗元　唐代古文研究序説』汲古書院

第二部〔漢字・漢語の指導〕

第一章

漢字、漢字学習ストラテジー、漢文学習
――高校生を対象に行った調査から――

藤本　陽子

一、はじめに　調査の経緯と本章の目的

二〇〇七年に「平成一七年度高等学校教育課程実施状況調査結果」[1]が発表された。教科・科目別に行ったペーパーテストと質問紙による調査の結果である。古典（古文および漢文）はそれ以前の調査からも厭われる傾向が非常にあり、「前回調査でも古典の学習に対する『関心・意欲・態度』の向上が課題として指摘されていた」[2]が、この調査でも「生徒質問紙調査『国語総合』質問2⒁」の「漢文は好きだ。」という質問に対し、二六四七人中、「そう思う」（八・九％）、「どちらかといえばそう思う」（十五・九％）と合計二十四・八％が回答したのに対し、「どちらかといえばそう思わない」（二十・九％）、「そう思わない」（五十・三％）と合計七十一・二％が回答し、数字のうえでは改善どころか若干悪くなっていることが明らかとなった。[3]しかも「そう思わない」が最も多かったのである。これについて、向嶋成美は「難しい漢字ばかりが並んだ文章にまず嫌気が差したり、返り点や送り仮名に従って訓読

することに煩わしさを感じたり、助字や再読文字などを覚えることにうんざりしたりすることが多分にあるのだろう[4]。」と推察しており、筆者はそれを検証すべく漢文と特に漢字に焦点を当て、中等教育を終えた大学生に調査を行い、二〇一六年に「漢文と漢字に対する意識の相関関係および漢字学習ストラテジー[5]」という論文にまとめた。それによって、大学生になっても依然として三十四%が漢文嫌いで漢文好きの倍であること、漢文が嫌いになる要因として内容理解の難しさ、そしてその内容理解で漢字という文字が妨げとなっていることが明らかとなった。しかし、一方で漢字そのものについては得手不得手にかかわらず好んでいる者が多かった。また、漢字の得手不得手で漢字学習のストラテジーが異なることが明らかになっている。

本章は、漢字を中心に、中等教育期にある高校生が漢字に対してどのような意識を持ち、その意識と漢字学習ストラテジーに関係があるのか、また漢字が漢文学習に影響を与えるのか高校の教諭の協力を得て行った調査結果をまとめたものである。就学期での異なりを検証するため、大学生に行った拙文の調査結果と比較している。

調査概略

調査時期：二〇一五年十一月～十二月

調査場所：神奈川県所在の定時制高校

調査方法：アンケートによる調査

アンケート配布数および回収数：配布数一五〇、回収数五十四（ただし、記載不十分、あるいは条件違いでデータとして利用できるのはうち四十八となった）

回答者：高校に通学する生徒、年齢十五歳～六十二歳男女

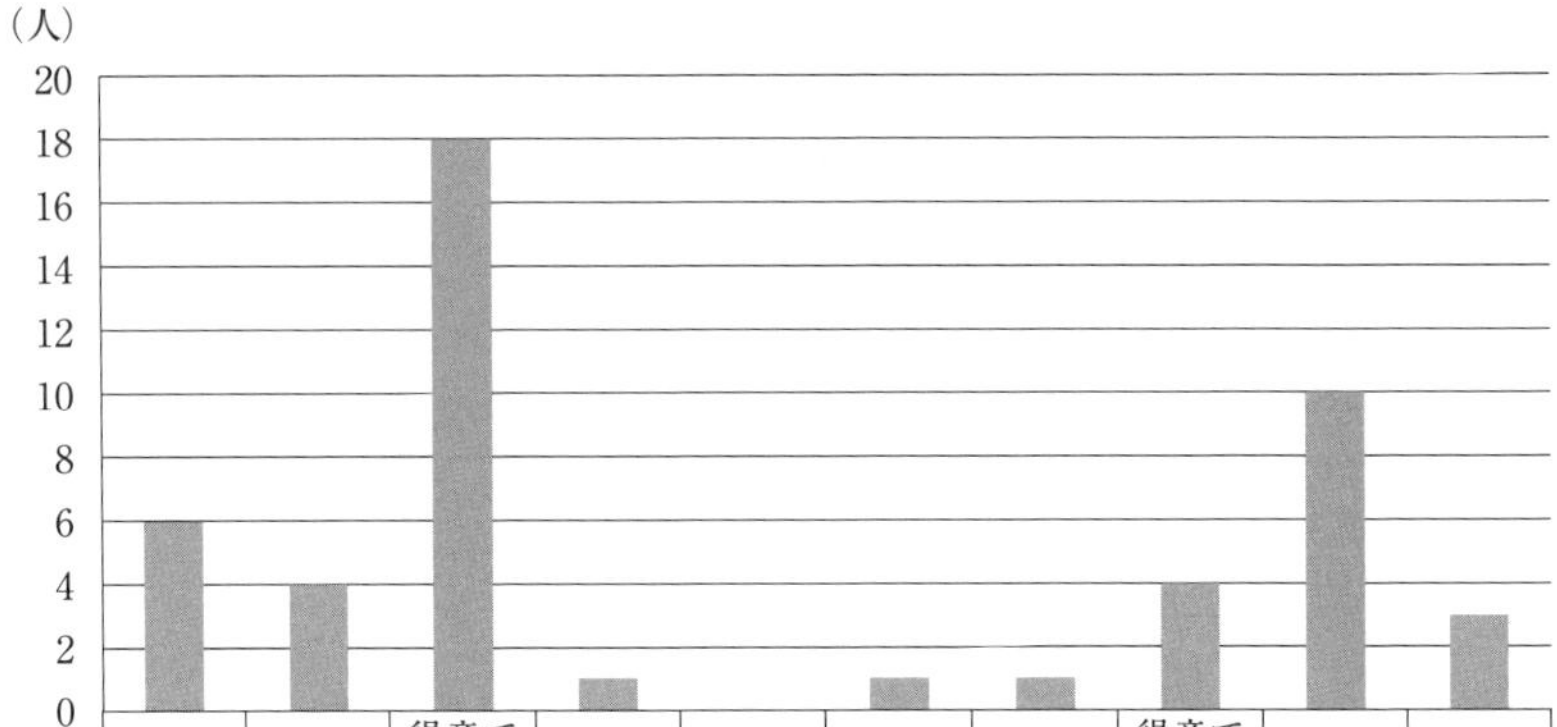

ずっと好き	得意で好き	得意ではないけれど好き	昔は嫌いだった	昔は好きだった	ずっと嫌い	得意だけれど嫌い	得意ではないから嫌い	どちらでもない	無回答
6	4	18	1	0	1	1	4	10	3

図1－1　漢字に対する意識

二、漢字に対する意識と詳細

回答者四十八名のうち、漢字に対する意識についての回答は四十五得た。内訳は次のようになる。

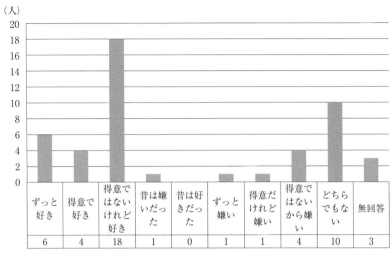

漢字に対する意識として好悪の二つに単純化すると、図1-1の左「ずっと好き」から三項目の合計は二十八となり、全体の六十二％を占めた。また「ずっと嫌い」から右へ三項目の合計は六で十三％となり、圧倒的に漢字に対して正の意識を持つ生徒が多かった。「得意ではないけれど好き」の数字の多さを考えると、漢字は得手不得手にかかわらず好まれていることが分かる。一方、数の少ない「漢字が嫌い」のなかでは「得意ではないから嫌い」が最も多く、このことから「漢字嫌い」の主な要因が漢字の不得手にあると言えるだろう。

なお、前述の拙論「漢文と漢字に対する意識の相関関係および漢字学習ストラテジー」に掲げた大学生への調査結果と若干のパーセンテージの違いはあるものの、「漢字が好き」が「漢字が嫌い」を大きく上回り、「得意ではないけれど好き」が最も多く、ついで「どちらでもない」が多かった。そ

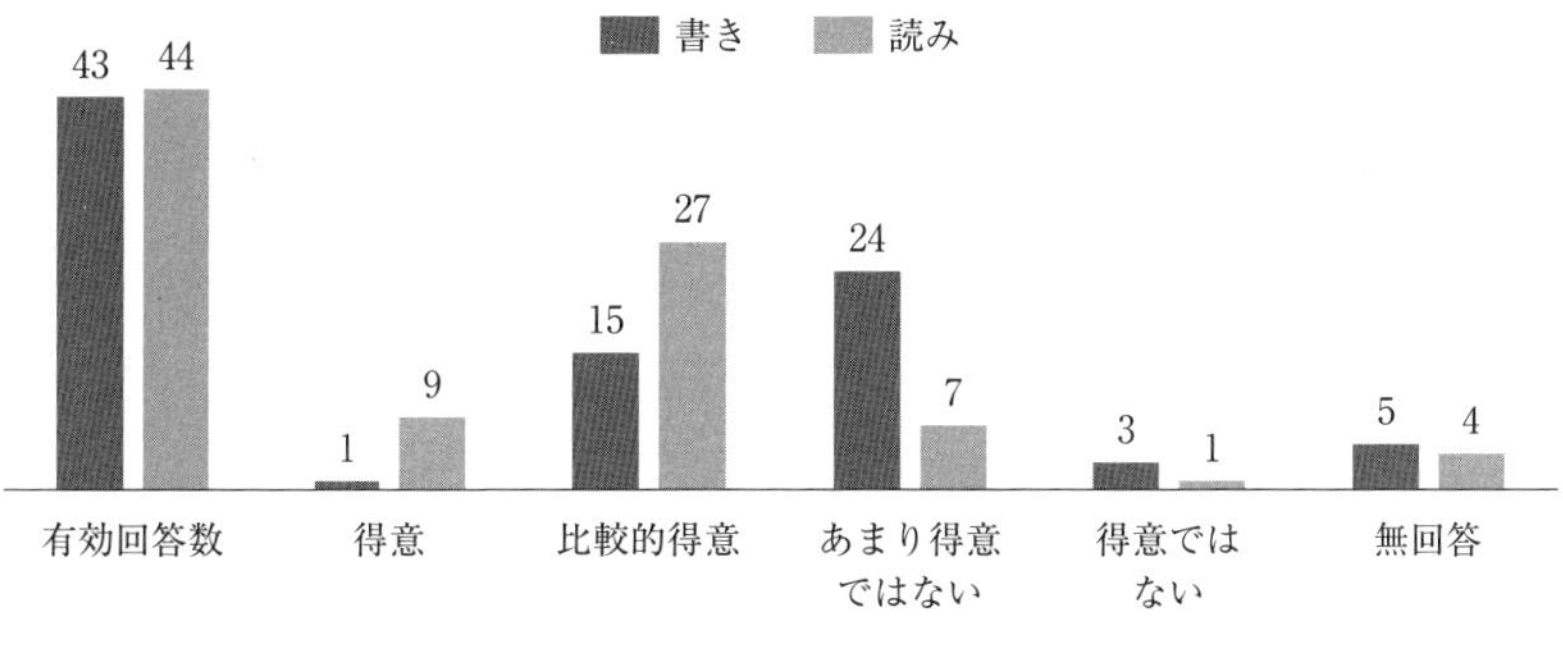

図1-2　高校生の漢字の「書き」・「読み」に対する意識（人）

の他の分布についても同様であり、高校生と大学生での差異は認められなかった。好悪の意識に関して、学習時期による差異はないということである。

三、漢字の得手不得手の要素

「書き」、「読み」について、「得意」、「比較的得意」、「あまり得意ではない」、「得意ではない」の四択で回答を求めた。「書き」は漢字の「形」および記憶の仕方について質問し、「読み」は「読み」方の記憶に得手不得手があるかをさらに検証した。

「書き」、「読み」についての概観をまとめたものが図1-2である。

漢字への好悪について、「書き」と「読み」の回答数の異なりが一しかないので、「書き」と「読み」は単純に比較しても良いだろう。各項目の「書き」と「読み」のバランスを見ると、「書き」より「読み」が得意であると考えている者が圧倒的に多いことが分かる。これは、筆者が大学生に行った調査でも同様の結果が出ている。[6] このことから、漢字の「書き」が得手側になるか不得手側になるかが、本人の漢字の得手不得手意識に影響すると考えられる。

文化庁が行った「平成二三年度『国語に関する世論調査』の概要」[7]（二〇一一年）では、情報交換手段の多様化による影響として「漢字を正確に書く力が衰えた」が六十六・五％おり、前回調査（二〇〇一年度）より二十五ポイント増

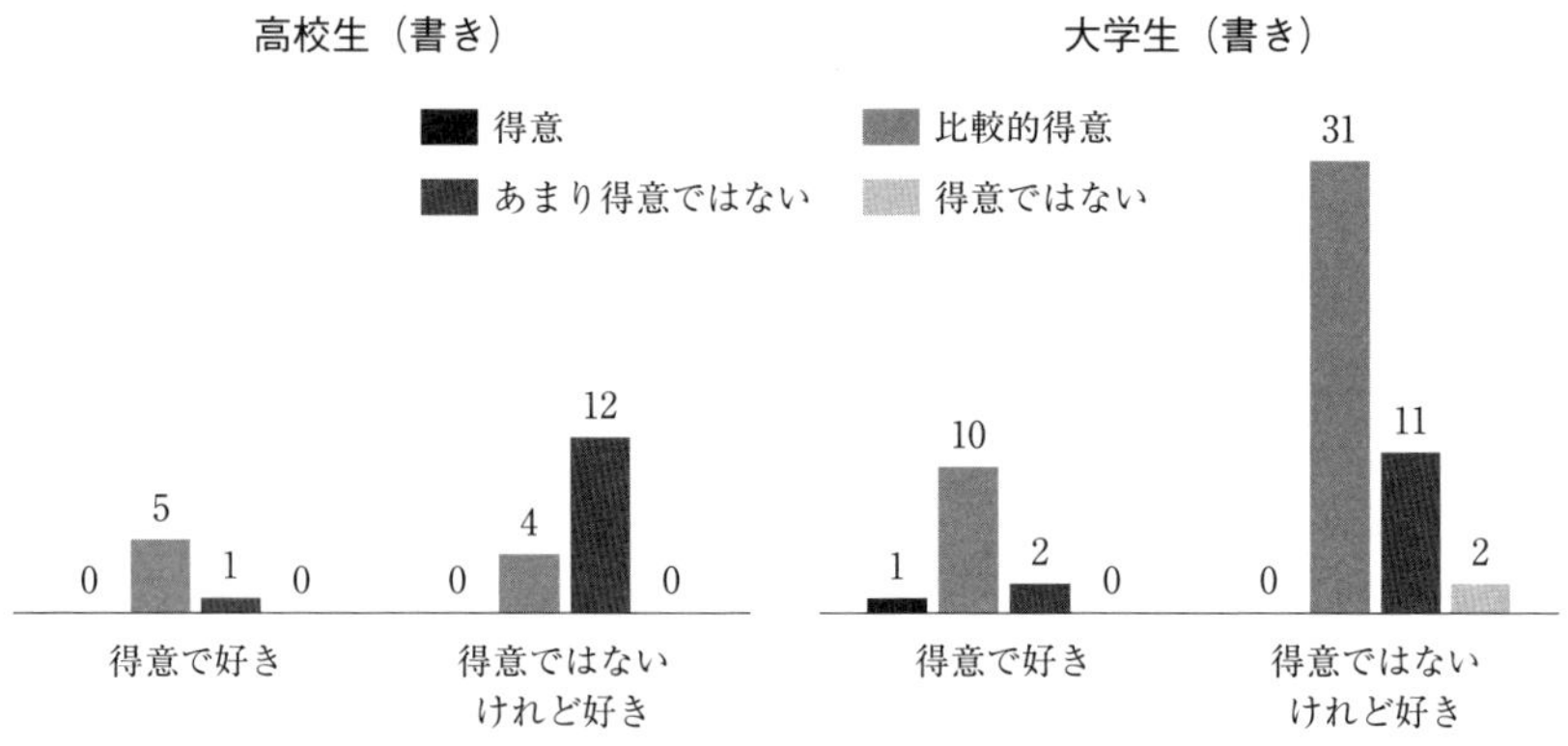

図1－3　漢字が「好き」のうちの「書き」の得手不得手（人）

加したことが指摘されている。また同じ調査で、手紙やはがきの利用の低下、手書きを億劫に感じる割合の増加も明らかになっており、日常的な手書きの機会の減少がうかがえる。この調査結果の年代別十六歳〜十九歳（就学期にあたると考えられる）でも、その他の年代よりは低いものの「漢字を正確に書く力が衰えた」が四十八・七％を占めている。学校で日常的に手書きの機会も新出漢字の学習機会もあると思われる年代の約半数弱が、「漢字を正確に書く力が衰えた」と感じているのである。「衰えた」とは、以前は書けたということの裏返しである。おそらく小学校・中学校時代には書けた漢字が書けなくなったという認識があるのであろう。この調査結果により、「書き」を得意とするものが少ないことが改めて確認できる。

では、「漢字」の「得意」とは何を指すのだろうか。

漢字が「ずっと好き」と答えさらに「得意で好き」と回答した二名と、「得意で好き」と回答した四名、および「得意ではないけれど好き」と回答した一六名を抽出すると図1-3のようになる。なお、大学生に行った調査結果についても比較のために新たにグラフを作成した。

図1-3を見ると、高校生も大学生も[8]、漢字の書きに対して得意で好きの得意レベルは「得意」ではなく「比較的得意」が多いことが分かる。一方、「得意ではないけれど好き」の得意レベルは高校生と大学生で異

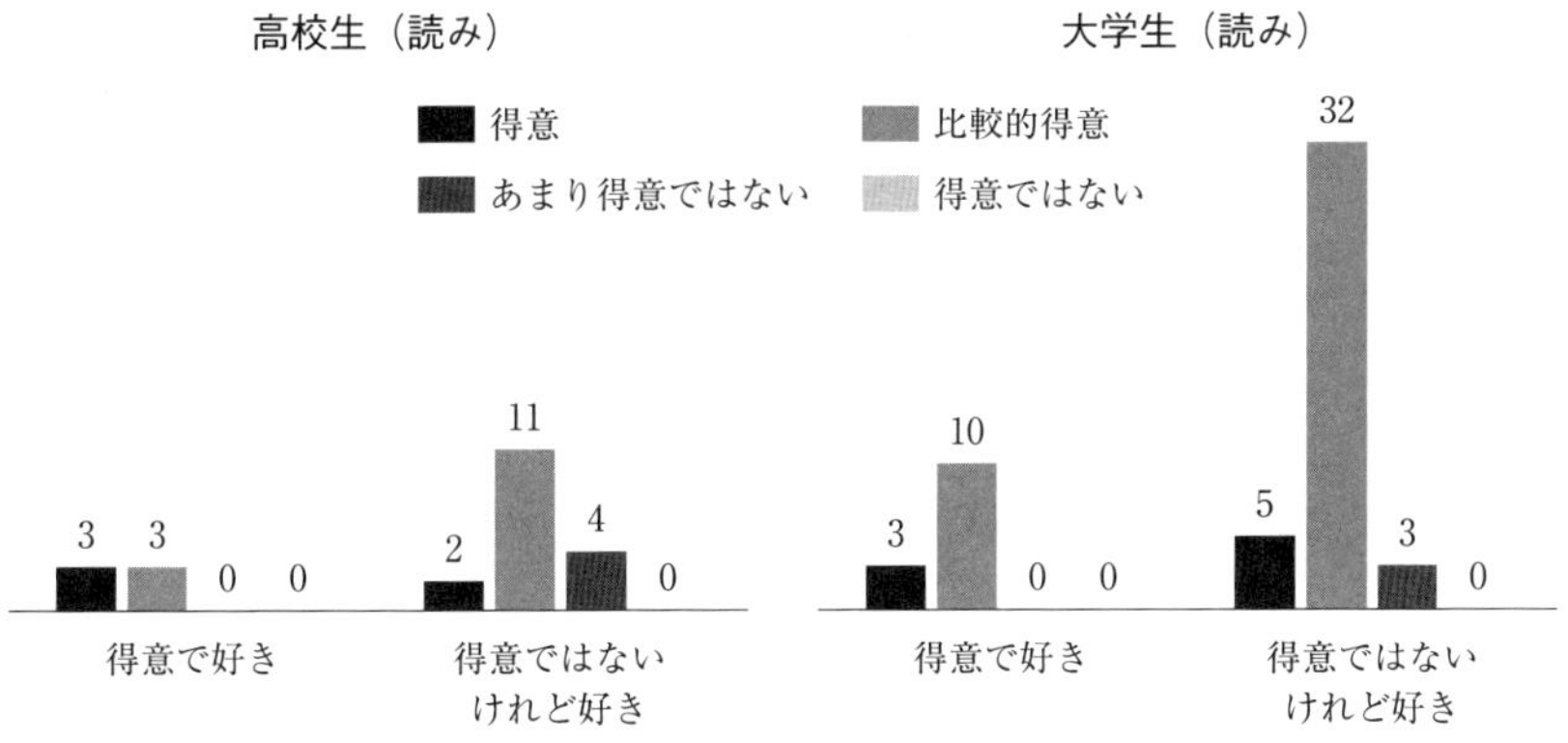

図1－4　漢字が「好き」であることと「読み」の得手不得手（人）

なる。これは「比較的得意」をどのように評価するかで分かれたのではないかと思われる。つまり、高校生は文字通り「あまり得意ではない」を「得意ではない」の範疇に入れ、大学生は「比較的得意」を「得意」ではない範疇に入れた人が多かったのではないかということである。また「どちらでもない」の回答者は、「比較的得意」が四、「あまり得意ではない」が三、「得意ではない」が二となり、いずれにせよ漢字好きには、漢字の「書き」の得手不得手は関係ないことが明らかとなった。しかし、図1-1の「得意ではないから嫌い」の四名のうち三名は書くのが「あまり得意ではない」と回答し、一名が「得意ではない」と回答しており、漢字嫌いは「書き」が不得手なことが原因となり得る。

　上の「読み」に関する図1-4と先ほどの「書き」の図を比較すると、「読み」は全体的に分布が左寄りになっていることが分かる。それは、高校生も大学生も漢字が好きな者に「得意ではない」を選択した者がおらず、また「書き」の場合と異なり、読みが「得意」と回答したものがいて、さらに「比較的得意」が非常に多くなっているためである。一方、漢字が「得意ではないけれど好き」と回答した者は、「読み」は「得意」と回答しており、「得意ではないから嫌い」と回答した者も、「読み」は「余り得意ではない」でも「得意ではない」を選択してない。このことから、漢字が「得意ではないから嫌い」の不得手が「読み」にあるとは

表1－1　漢字の「書き」、漢字の「形」の記憶の得手不得手

漢字の書き ＼ 漢字の形		得意	比較的得意	あまり得意ではない	得意ではない	計
得意	1	0	1	0	0	1
比較的得意	15	2	9	3	0	14
あまり得意ではない	24	0	11	11	2	24
得意ではない	3	0	0	1	2	3
計（人）		2	21	15	4	42

考えにくい。先の結果と併せて考えると、漢字の得手不得手は「書き」に対する得手不得手が決定し、同様に漢字が嫌いになる原因も「書き」にあることが分かる。

四、漢字の「書き」・「読み」の構成要素と得手不得手

まず、漢字の「書き」を構成する要素として漢字の「形」の記憶の得手不得手が漢字の「書き」と相関関係があるかについて検証する。「形」についての得手不得手を他の選択肢同様四つにした。

漢字の「書き」の得手不得手に対する有効回答数は先述の通り四十四（四十八中）で、「形」の記憶の得手不得手に対する有効回答数は四十五となった。「書き」と「形」両方ともに回答が得られた有効回答数は四十二名である。上の表1－1の「漢字の形」の計は、その無回答を明らかにするための数字である。

この表を見ると、漢字を書くことが「得意」あるいは「比較的得意」な者は漢字の形の記憶についても得意な傾向があり、漢字を書くことが「あまり得意ではない」あるいは「得意ではない」者は形の記憶についても不得意な傾向があることが分かる。これは、漢字のあるべき姿「形」が曖昧になることで「漢字を正確に書く」ことができなくなるということを表していると言えよう。

次に、漢字の「読み」の得手不得手を構成する要素として、「読み」の記憶の得手不得手に焦点を当てる。

表1－2　漢字の「読み」、「読み」の記憶の得手不得手

漢字の読み＼読みの記憶		得意	比較的得意	あまり得意ではない	得意ではない	計
得意	8	5	2	2	0	9
比較的得意	28	5	15	6	0	26
あまり得意ではない	7	0	1	4	1	6
得意ではない	1	0	0	1	0	1
計（人）		10	18	13	1	42

漢字の「読み」の得手不得手に対する有効回答数は先述の通り四十四（四十八中）で、「読み」の記憶の得手不得手に対する有効回答数は四十三であった。表1-2も表1-1同様、漢字の「読み」への回答があったもののうち「読み」の記憶に対する回答を数えている。

「読み」の記憶については、「書き」のように「読み」の得手不得手に連動しているとは言い難い。特に漢字の「読み」に対する「読み」の記憶との関連性は判断が難しい。これは五でも述べるが、漢字の音読みにはその文字を知らなくても旁から判断することが可能であり、「読み」はその文字の読み方を記憶しなくても良いことがあるからだろう。実際にそのことに言及した回答は三件だけあった。

五、漢字学習ストラテジー

高校生の漢字の「書き」あるいは「形」の学習の仕方について、「漢字をバラバラにして覚える」、「漢字をパーツ（偏と旁）に分ける」、「何度も書く」、「習字で習う」、「本、新聞、電車の広告など漢字が使われているものを読んでいて自然に形を覚える」（視覚的）を挙げることができる。これらを高校生のストラテジーとして選択肢を設け複数回答を得た。五人が無回答で四三人から得た結果は多い順に、「自然に形を覚える」（二十二）、何度も書く（十八）、漢字をパーツに分ける（十二）、漢字をバラバラにして覚える（五）となった。大学生へ実施した調査結果は、多

表１－３　高校生の漢字の形の記憶に対する得手不得手と漢字学習ストラテジー

漢字の形	回答者数	バラバラ	パーツ	何度も書く	自然に
得意	2	1	0	0	1
比較的得意	20	1	6	8	11
あまり得意ではない	17	3	4	9	8
得意ではない	4	0	2	1	2
合計（人）	43	5	12	18	22

かった順に「何度も書く」、「自然に形を覚える」、「漢字をパーツに分ける」、「漢字をバラバラにして覚える」となっており、一番目と二番目が高校生のそれとは逆になっている。高校生の方が大学生より漢字に触れる環境に恵まれているとは考えにくい。この異なりは、高校生はまだ学習すべき漢字が多いため新しい漢字に触れる機会が多いからなのだろうか。あるいは高校生の方が大学生より若い故に記憶力が高いからなのだろうか。就学期による漢字学習のストラテジーの差異は、今後検証する必要があろう。因みに二〇一七年、小学生向けに発売された漢字ドリルが販売開始から二か月で二百万部以上売れたという[9]。単純な繰り返し練習ではないようだが、初等教育は「自然に形を覚える」よりも、やはり練習をすることが重視されているようであり、高校生、大学生にも「何度も書く」がある一定数いることから、この方法は有効性とは別に年齢を越えて定着しているストラテジーと言える。

では、漢字の形の記憶に対する得手不得手によって漢字学習のストラテジーが異なるのか。筆者の大学生への調査結果では、「漢字の形を覚えるのが得意」と回答した学習者は主に「自然に覚える」・「パーツに分ける」ストラテジーを使っていたことが明らかになり、「得意ではない」学習者は「何度も書く」方法を最も多く採っていることが明らかとなっている。

表1-3は、高校生の調査結果を基に作成したものである。「習字で習う」は選択した者が一人もいなかったため表から省いた。表にある回答者数は漢字の形の記憶に対する得手不得手に回答し、さらにストラテジーについて回答した人数である。複数回

答なので、有効回答者数より合計は多くなり、一人でいくつものストラテジーを用いていることが分かる。有効回答者数により近ければ近いほど、また横に見て数字の一番多いものが、最も用いられているストラテジーということになる。

「得意」・「比較的得意」では「自然に形を覚える」が最も多く、漢字が書けるようになるための努力をしない部分もあり、それでいながら「何度も書く」という努力もすることがあることが分かる。一方、「あまり得意ではない」・「得意ではない」も「自然に形を覚える」・「何度も書く」が主流を占めており、得手不得手でのストラテジーの違いが大学生ほど見られないことが明らかとなった。ただし、三節で述べたように日常的に手で書く機会が減っていることから、無意識に「何度も書く」機会が失われつつあると考えられ、特に漢字が不得意な者に偏と旁に分けて覚えるよう指導しても良いと思われる。

「読み」については、先に述べたように「旁から推測する」という方法が採られることもあるため、大学生への調査同様、常用漢字ではないので回答者が知らないであろう単一漢字を二字取り上げ、それに対してどのような回答をするか調査した。一字は、偏と旁に分けて「読み」や字義を推測することが可能な会意で形声文字である漢字として「澗」（カン）、もう一字は一画で解体が不可能だが象形文字なので想像するかもしれない漢字として「丶」（チュ）を選んだ。「澗」は改定常用漢字外の文字で、「丶」も改定常用漢字外の文字であるが『南総里見八犬伝』の登場人物「丶大法師」で登場する。[10] 回答は記述式であるためか、得られた回答数は「澗」が二十三、「丶」は十のみに留まった。それぞれの漢字について、「読み」とそう読む理由を問うた。

まず「澗」だが、回答数二十三のうち最も多かったのが「じゅん」あるいは「うるおう」と読むという回答で一七だった。「じゅん、どう、かん」と三つ挙げたものも含んでいる。次に多かったのが「かん」で、先の三つの読み方を挙げた回答を含め四だった。あとは「ささい」、「うるう」、「しゅん」、「どう」が各一だった。「じゅん」または「うるおう」が一番多かったのは、大学生へ行った調査結果と同じであった。理由は「『じゅん』と読む似ている漢字があるから」、「潤と似ているため」、「なんとなく」、「人の名前でよく見かけたから」、「見たことがあったから」ということであり、すでに知っている漢字、あるいは知っている漢字に類似していることからの推測あるいは混同によるものであることが分かる。理由について大学生の回答も同様で、有名人の「潤」という名前の影響は大きい。「潤」の読み方で正解したうち二人しか記載がなかったが、一人は「調べた」と回答し、もう一人は「読んでいる小説に書いてあった」という回答だった。「ささい」、「うるう」、「しゅん」、「どう」については理由が記載されていなかったためどのように推測したのか判断できないが、「うるう」と「しゅん」は「潤」からの推測（「閏」が「潤」の旁であり、「しゅん」は「じゅん」の清音化か）と考えられ、「どう」は「洞」からの類推なのではないかと考えられる。いずれにせよ、大学生は三分の一弱が旁から推測して読んだが、高校生には一人も旁から推測した者がいなかった。

「、」についてはわからないと回答した数が四で最も多く、「てん」が二、「いてへん」、「句読点」、「、部」、「おなじ」が各一となった。「わからない」は「はじめてみたから」という理由が記載されており、そのほか「?・」も同様となった。「てん」は「日常でもよく見られるため」、「形から」という回答だった。同様に「句読点」と回答した者から「知っていたから」という回答を得ている。「、部」の回答者は「潤」について「調べた」という同じ回答者で、「、部」についても「調べた」と回答している。「おなじ」と回答した者は、「どこかでそうきいたきがするから」と回答している。これは踊り字と混同したものと考えられる。、がスペースのどの部分を占めているかに着目すれば偏や読点ではないことが分かると思われるが、形に捕らわれた結果の回答だと言えよう。

さらに、漢字の字義理解は何を手がかりにしているのか探るために、同じく二つの漢字について問うた。「潤」を「じゅん」と回答した者は、意味が「うるおう」、「潤と同じく『うるおう』という意味」、「川や水に関係する」、

表1-4　高校生の未知の漢字への対処（人）

紙媒体	電子媒体	人に聞く	インターネット	アプリで調べる	何もしない
9	12	15	27	5	6

「水関係」と述べている。理由として、「さんずいだから」、「化しょう品のCMで多く出ていた。又、部首に氵があったから」など漢字の構成に目を向けた回答が見られた。また「かん」と回答したものでは、字義が「水に関すること」でその理由が「さんずいと『間』だから」と答えている。「しゅん」と読むと答えた者は字義を「水の間」と推測し、その理由として「さんずいに間なので」と回答している。読みの推測の根拠は無記載だった回答者が、字義を問われたときに文字を細かく分析している姿が見られたのは興味深い。但し、「潤」と類似しているので同じ意味だと断定している八名は、理由も「うるおう」のままだった。

「丶」については回答者が悩んだ跡が見られる。「とくにいみ（回答ママ）はない」のほか、文字ではなく記号と考えた「文章に使う記号」、「文をくぎる」、「前の字と同じ」のような回答となった。

六、「未知の漢字」への対処

学習者が五節で取り上げたような未知の漢字に出会ったときは、どのような対応をするのか、「辞書（紙媒体）で調べる」、「電子辞書（電子媒体）で調べる」、「知っていそうな人に聞く」、「インターネットで調べる」、「アプリで調べる」、「何もしない」の選択肢から複数回答で回答を得た。大学生への調査では「電子辞書」利用が最も多く、次いで「インターネット」となったが、高校生は「インターネット」が圧倒的に多く、次いで「知っていそうな人に聞く」となった。紙と電子という違いはあるが、辞書としてまとめれば高校生の辞書の利用はインターネットの次に多い。マイナビニュース[11]は、二〇一五年六月の調査で高校生のスマートフォン使用率は九十九％になっていると伝えており、常に手近なところにあるスマートフォンをインターネット辞書の端末として利用するのも尤もなことと言える。紙の辞書利用率が大学生より高いのは、教室に置いたままにできるなど大学とは異なる環境にあるからかもしれない。

七、漢字に対する意識の漢文学習への影響

筆者が大学生に行った調査では、「漢文を読んだ感想」として一番多かったのが「漢文独特の読み方が難しかった」、ついで「読みにくいと思った」と「ストーリーや内容が面白かった」であった。高校生にも同じ選択肢を提示し、回答は複数回答可とした。

高校生は概して、「なるほどと思った」と「漢文独特の読み方が難しかった」が多かった。漢文独特の読み方の難しさは大学生に行った調査でも一番多かったが[12]、その分布は若干異なる。大学生では、漢文に負の感情を持つ者とどちらでもない者がこれを挙げているのに対し、高校生では負の感情を持つ者[13]は取り上げていない。また、大学生では二番目に多かったのがストーリーの内容の面白さと読みにくさだったが、高校生はむしろ「なるほどと思った」が多かった。漢文に対して正の感想を持っている高校生には、大学生同様漢文の独自性やストーリーに面白さを見出す者もいるが、全体的に技術的な面でのマイナスの感想が多い。この異なりは中等教育という学習途中で漢文を読みこめないことによるのではないだろうか。

漢字に関わる選択肢三つ「漢字が現在と使っている漢字と違っているので面白かった」、「漢字が現在使っている漢字と違っているので読むのが難しかった」、「漢字が現在使っている漢字と違っているので書くのが難しかった」のうち「面白い」という回答は漢文が「ずっと好き」と回答した者からしか得られず、読むのも書くのも「難し

い」は漢文に対して「どちらでもない」と回答した者からだった。一方、漢文の内容理解の問題として漢字を挙げたのは、漢文が「あまりよく分からなかった」と回答した十三名のうち五名で少ない方になっている。因みに一番多かったのは「書き下し文」の八名、ついで「返り点」七名となっている。「まったく分からなかった」の回答者からは、それ以上詳しい回答が得られなかったため詳細は不明である。大学生では内容理解の難しさに漢字の影響が小さくなかったが、高校生は漢字に問題があるとは考えていないことが分かった。

八、総括と課題

高校生を対象にした今回の調査でも、漢字が好きだという者にとって得手不得手は関係がほとんどないが、漢字嫌いは「書き」の不得手が影響することが改めて確認された。これは漢字の形を正確に記憶すること、正確に書くことに対する得手不得手も関係する。

高校生の漢字学習のストラテジーは大学生と異なり、得意不得意にかかわらず環境から自然に覚える方法を採っていることが多く、漢字を分解する方法を採ることは少ないことが明らかとなった。このことについて、就学時期の異なりによる学習環境や、高校生と大学生の年齢の差による記憶力の差などが考えられるが、漢字が不得手だという高校生には漢字を分解する方法を勧めても良いだろう。

未知の漢字への読みについての対応は大学生と異なり、音を漢字の構成から推測する者は少なかった。大学生と同じだったのは、既知の似たような漢字との混同、あるいは既知の似たような漢字の異体字としての認識だった。字義を問えば高校生は漢字の分析を行うことから、形を把握する段階でも意識的に詳細に認識するようにしてみてはどうだろうか。

分からないときの対応は、高校生はインターネット利用が最も多く、次に紙媒体を含む辞書で、大学生への調査結果と逆転している。おそらくスマートフォンの普及が進んだことによるものと考えられるが、電子辞書の売上が落ちていることも伝えられており、[14]今後さらに電子辞書の利用率が下がることが予想される。高校生の紙媒体の辞書の利用が大学生より多いのは、教室内に辞書を置いておくことができるなど大学生との環境が異なるからと考えられるが、今後電子辞書利用率が下がれば辞書利用全体の割合は下がるであろう。そのことが今後学習者にどのような影響をもたらすか、つまり紙媒体から電子媒体への移行のような大きなインパクトが起こるのか見守っていく必要があるだろう。

漢文については、大学生への調査で漢文学習を困難にさせる要因として漢字が挙げられていたが、高校生では漢字が漢文学習を困難にさせる主な要因にはならず、むしろ書き下し文が要因となっていることが明らかとなった。これは中等教育を終えた大学生と、中等教育途中の高校生の違いではないだろうか。今後の課題は、以上いくつか挙げた仮説の検証と、学習者をとりまく状況変化の観察である。

最後に、改めて調査にご協力くださった方々に感謝の意を表したい。

注

（1）国立教育政策研究所教育課程研究センター研究開発部研究開発課（二〇〇七年四月）
（2）国立教育政策研究所教育課程研究センター研究開発部研究開発課「平成一七年度高等学校教育課程実施状況調査教科と科目別分析と改善点（国語・国語総合）」八頁（二〇〇七年四月）
（3）前回は七十・五パーセントであった。（同右）
（4）向嶋成美「これからの漢文指導―新『国語総合古典教材の工夫』」『漢文教室』一九八、八頁、大修館書店（二〇

一二年五月）

（5）藤本陽子『早稲田教育評論』第三十巻第一号、七十七～九十五頁、早稲田大学教育総合研究所（二〇一六年三月）

（6）「書き」に対する回答数が九十四、「読み」に対する回答数が九十で、漢字の「書き」が「得意」・「比較的得意」の合計は六十九であるのに対し、漢字の「読み」が「得意」・「比較的得意」の合計は八十となり、圧倒的に「読み」の方が多くなっている。

（7）文化庁「平成二三年度『国語に関する世論調査』の結果の概要」http://www.bunka.go.jp/tokei_hakusho_shuppan/tokeichosa/kokugo_yoronchosa/pdf/h23_chosa_kekka.pdf（二〇一七年八月十二日アクセス）

（8）この項目に関する大学生の回答数は、「漢字が得意で好き」十三、「得意でないけれど好き」四十四、「得意ではないから嫌い」四、「どちらでもない」十六となっている。

（9）『朝日新聞』二〇一七年六月三日「うんこ漢字ドリル、ついに二百万部『質にこだわった』」http://www.asahi.com/articles/ASK5D5JFMK5DUTFL00T.html（二〇一七年八月二十三日アクセス）

（10）「丶松」という名のてんぷら屋があるが、これは「てん」として使用されている。

（11）「マイナビ」二〇一五年七月七日「高校生のスマホ利用率、ついに九十九％に―デジタルアーツ調査」http://news.mynavi.jp/news/2015/07/07/344/（二〇一七年八月十二日アクセス）

（12）大学生の回答では、「漢文独特の読み方が難しかった」が九十七人中三十七人で一番多い感想だった。内訳は、漢文が「ずっと嫌い」「昔は好きだった」を合わせた三十五人中十四人、「どちらでもない」四十六人中二十一人、「昔は好きだった」「ずっと好き」を合わせた十六人中二人となった。

（13）本文では詳細を取り上げなかったが、高校生にも漢文への意識を調査するため漢文が「ずっと好き」、「昔は好きだった」、「どちらでもない」、「昔は嫌いだった」、「ずっと嫌い」のなかから一つ選択する質問をした。

（14）「J-CASTニュース」二〇一四年一〇月一八日「ネットでなんでも検索できる時代　電子辞書は生き残れるのか」https://www.j-cast.com/2014/10/18218505.html?p=all（二〇一七年八月二十二日アクセス）

第二章

漢詩における畳語の擬態語を漢字・語彙指導に生かす

李　軍

一、はじめに

情報機器の普及に伴って、漢字を手書きする機会が減っている中、漢字は知っていても書けない、輪郭しか覚えていない学習者が増えつつある。例えば、「強制→強性」、「当初→頭初」、「不可欠→不可決」といったような同音異義語による間違いや、「詰め込み→結め込み」「環境→還境」といったような字形の類似する漢字と混同してしまう誤りが多く見られる。このような漢字使用の状況の中で、従来の繰り返し練習や漢字テストといった受動的で一方通行の漢字指導法は通用しなくなり、日本語における漢字・漢語の役割や特質を認識し、その面白さに気づくことで、自ら進んで漢字や漢字語彙を理解・習得しようとする能動的・効果的な漢字・語彙指導法が求められている。

二〇〇八年および二〇〇九年に告示された学習指導要領では、「伝統的な言語文化と国語の特質に関する事項」が新設された。『高等学校学習指導要領解説国語編』（二〇一〇）では、「言語文化の特質や我が国の文化と外国の文化との関係について気づき、伝統的な言語文化への興味・関心を広げること」の内容について、次のように解説している。

「我が国の文化と外国の文化との関係」を取り上げているのは、我が国の文化を理解するに当たって、中国など外国の文化との関係が重要となるからである。我が国は中国の文化の受容とその変容とを繰り返しつつ独自の文化を築き上げてきた。その経緯を踏まえ、古文や漢文の両方を学ぶことを通して、両文化の関係に気付くことが大切である。古来、我が国は、文字、書物を媒介にして、多くのものを中国から学んだ。その結果、漢語や漢文訓読の文体が、現代においても国語による文章表現の骨格の一つとなっている。

この記述は、日本の文化や日本語の特質を理解するには、漢字・漢語の流入やそれらが和語と融合し日本語として定着していった経緯を知っておくことが大事であることを示唆している。

本章で提案する漢字・語彙指導法では、日本の古典文学や日本語の形成に大きな影響を与えた漢詩を教材として用いる。まず、漢詩における同字反復（畳語）の擬態語（例えば、蕭蕭、悠悠。以下、「漢字擬態語」と称す）を取り上げ、その特徴と表現効果について述べる。次に、現代日本語の仮名で表記される擬態語（例えば、こつこつ、すらすら。以下、「仮名擬態語」と称す）との対比を通して、両者の相違点について分析する。さらに、現代日本語として今も使われている畳語の漢字擬態語に着目し、仮名擬態語とともに共存する理由について考察する。なお、漢字で表記される擬態語は様々な構造を呈しているが、本章では、畳語の漢字擬態語に議論を限定する。

二、漢詩における畳語の漢字擬態語とその表現効果

中国の詩を包括する意味の「漢詩」は日本的な言い方で、中国では「漢代の詩」なら「漢詩」、「唐代の詩」なら

「唐詩」といったように時代ごとに名称が異なっている。本章では、日本的な意味での「漢詩」を用いることにする。

漢詩は、古体詩と近体詩に分類されている。近体詩は唐代になってから定まった体《スタイル》で、絶句（五言絶句と七言絶句、四句ずつ）と律詩（五言律詩と七言律詩、八句ずつ）の二つのスタイルがある。五言絶句なら二十字、七言絶句なら二十八字といった少ない文字数で、起承転結や語の配列、平仄、押韻など様々なきまりのもとで詩を作らねばならないので、表現の工夫が凝縮されたレベルの高い文学作品である。個々の文字に重みと広がりを与え、なおかつ韻律上の美しさを追究しなければならないので、固有名詞以外は同じ字や語の重複をできるだけ避けるという暗黙の了解がある。しかし、「蕭蕭」「悠悠」「沈沈」など、畳語の漢字擬態語を用いる漢詩は少なくない。本節では、具体的な例を通して漢詩における漢字擬態語の特徴と表現効果について考察する。

古詩十九首　其の十

迢迢牽牛星　　迢迢たる牽牛星
皎皎河漢女　　皎皎たる河漢の女
繊繊擢素手　　繊繊として素手を擢げ
札札弄機杼　　札札として機杼を弄す
終日不成章　　終日章を成さず
泣涕零如雨　　泣涕零つること雨の如し
河漢清且浅　　河漢清く且つ浅し
相去復幾許　　相去ること復た幾許ぞ
盈盈一水間　　盈盈たる一水の間

脈脈不得語　脈脈として語るを得ず

（傍点、引用者。以下同じ）

「古詩十九首」は、後漢ごろに作られた読み人知らずの有名な五言詩である。其の十は七夕伝承の中国古典詩として、また「古詩十九首」のなかで最も人口に膾炙したものとして『古典B』（数研出版）に採録されている。古体詩の句数は不定で、字数制限もないとはいえ、この詩の初めから「迢迢」「皎皎」「纖纖」「札札」「盈盈」「脈脈」の六つの畳語も使われている。ただし、この六つの畳語のうち、「札札」は「サツサツ」という音を表す擬音語で、そのほかは擬態語である。このように多くの畳語を一つの詩の中に用いるのは、後世の近体詩にはあまり見られない。字数が限られた中で同じ字を繰り返すと、詩の味わいが薄くなってしまう恐れがあるからである。しかし、この詩では、多くの畳語を使うことで、字面上の視覚効果（例えば、「皎皎」は白く明るいの意で、「皎」の文字を見るだけで織姫星の様子や雰囲気が伝わってくる。また、「纖」はか細い糸の意を表す文字。この詩における「纖纖」は織姫のか細い手を表す一方、心細さや寂しさも暗示している）はもちろん、畳語の聴覚効果を生かし、歌に近いリズムや詩全体の韻律美をも生み出している。

黄鶴楼

昔人已乗黄鶴去　昔人已に黄鶴に乗りて去り
此地空余黄鶴楼　此の地空しく余す黄鶴楼
黄鶴一去不復返　黄鶴一たび去りて復た返らず
白雲千載空悠悠　白雲千載空しく悠悠
晴川歴歴漢陽樹　晴川歴歴たり漢陽の樹
芳草萋萋鸚鵡洲　芳草萋萋たり鸚鵡洲

日暮郷関何処是　　日暮郷関何れの処か是なる
煙波江上使人愁　　煙波江上人をして愁へしむ

「黄鶴楼」は、唐代の詩人・崔顥《さいこう》によって作られた七言律詩で、高等学校国語科教科書の定番教材として長年採録されてきた。この詩は八句全体が対句からできており、様々な対比によって豊かで広大な世界観が作り上げられている。例えば、「黄鶴」と「白雲」による鮮明な色彩の対比や「一度去ったきり返らない黄鶴」と「永遠に途絶えることのない白雲の流れ」による断絶感と持続感の対比、そして、長江が晴れ渡って対岸（漢陽）の木々が「歴歴」と見えるという遠景と、芳しい草が目の下の鸚鵡洲（長江にある中洲の名）に生い茂っているという近景との対比、さらに、「歴歴」と見える木々や「萋萋」と茂る草という素晴らしい風景と、日が暮れ景色がかすみ、故郷の方向が分からなくなり、長江を覆っていく夕靄に、詩人の望郷の悲しみが溢れてくるという切ない心境との対比が巧みに練り込まれている。この詩は「歴歴」「萋萋」を用いることで、「煙波江上使人愁」の重みと暗さを増幅させ、望郷の悲しみや寂しさをより切実に表現している。また、「悠悠」に関しても、「遠くはるか」という意味を表す一方で、「空（むなしく）」と一緒に用いることで、白い雲は単にゆったりと流れていくのではなく、「憂（悠と同音）」を秘めて流れていくという詩人の心境をうまく表現している。「歴歴」「萋萋」「悠悠」はすべて漢字擬態語である。字数限定がある律詩において、あえて三つもの畳語を使うのは、風景と心境を生き生きと表現するだけでなく、多様な角度からの対比を生み出すための工夫だったのかもしれない。そして、この詩における漢字擬態語も「古詩十九首」と同じように、畳語の聴覚効果を生かし、詩全体の韻律美を生み出している。

賦得古原草送別
離離原上草　　離離たり原上の草
一歳一枯栄　　一歳に一たび枯栄す

野火焼不尽　　野火焼きて尽さず
春風吹又生　　春風吹きて又生ず
遠方侵古道　　遠方古道を侵し
晴翠接荒城　　晴翠荒城に接す
又送王孫去　　又王孫の去るを送れば
萋萋満別情　　萋萋として別情満つ

この詩は白居易が十六歳の時に作った五言律詩である。春の草は、『楚辞』の「招隠士」の「王孫遊兮不帰，春草生兮萋萋。（王孫遊びて帰らず、春草生じて萋萋たり）」の句に基づき、中国では古くから離別のイメージ、感傷のイメージとして用いられていた。[1] この詩においても、最初の「離離（草むらがきれぎれに広がっているさま）」と最後の「萋萋（草の生い茂るさま）」を対照させ、離別に寄せる感傷をうたっている。「離離」と「萋萋」は草の状態を表す擬態語である一方で、対比表現の工夫の一つとしても使われている。

律詩のほかに、例えば、「秋風引」（劉禹錫・五言絶句）の「何処秋風至，蕭蕭送雁群。朝来入庭樹，孤客最先聞。（何れの処よりか秋風至る、蕭蕭として雁群を送る。朝来庭樹に入り、孤客最も先に聞く。）」における「蕭蕭（風の音、物寂しいさま）」や、「金陵図」（韋荘・七言絶句）の「江雨霏霏江草斉，六朝如夢鳥空啼。無情最是台城柳，依旧煙籠十里堤。（江雨霏霏として江草斉《ひと》し、六朝夢の如く鳥空しく啼く。無情は最も是れ台城の柳、旧に依りて煙は籠む十里の堤。）」における「霏霏（雨や霧が細かく降りしきるさま）」のように、絶句においても、畳語の漢字擬態語が多用されている。

「蕭蕭」は風の音の擬音語として多用されている。「秋風引」のほかに、例えば、『史記』刺客列伝における荊軻《けいか》の名言「風蕭蕭兮易水寒，壮士一去兮不復還。（風蕭蕭として易水寒し、壮士一たび去りて、復た還らず。）」がよく知られている。一方、李白の「送友人」（五言律詩）の尾聯「揮手自茲去，蕭蕭班馬鳴（手を揮《ふる》って茲《ここ》より去れば、蕭蕭として班《はん》馬《ば》鳴く。）」における「蕭蕭」は馬の鳴き声を表す擬音語である。しかし、「蕭蕭」は擬音語であっても、「風が寂しく吹くようす」「馬が寂しげに鳴くようす」といったように、状態を表す役割も果たしている。「蕭」は茎が細長く葉の小さい草の名。細長いというイメージからひっそりとしたさま、ものさびしいさまを表すようになった。「蕭蕭」は擬音語・擬態語である。

この節で挙げた漢詩では「萋萋」が多用されている。「萋」の音符の「妻（「セイ」は漢音）」は「齊」に通じ、出そろうの意。「萋萋」は「草が出そろい茂る」の意味を表す。ちなみに、「凄」は雨や雲がそろってひしひしと吹きせまるさまを表し、「凄凄」は寒々とものさびしいさまを表す。

このように、漢詩における漢字擬態語の多くは、漢字の本来の意味を踏まえた上で、それに類似する風景や心境を畳語という形で表し、詩全体をより生き生きとした表現に仕上げ、繰り返すことで音的効果をも生み出している。

ここで、「古詩十九首」「黄鶴楼」「賦得古原草送別」における漢字擬態語とその現代語訳を対比すると、次のような疑問が生じる。すなわち、なぜ現代語訳では、「悠悠」「離離」はそのまま使われているのに対し、「迢迢→はるかに」「歴歴→はっきりと」「萋萋→いきいきと茂る」などは仮名擬態語に変わっていったのか。つまり、漢詩が大量に日本に流入したにもかかわらず、なぜ漢字擬態語が一部だけ残り、その多くは姿を消したのか。

次節では、漢字擬態語と仮名擬態語のそれぞれの特徴を分析した上で、その理由の解明に迫る。また、漢字擬態語と和語の形容詞との繋がりをも分析の対象として考察する。

三、漢字擬態語と仮名擬態語の対比

㈠　仮名擬態語の特徴

現代日本語の擬態語のほとんどは仮名によって表記されている。例えば、「からから」「がらがら」は、「ABAB」という語形によって音声や状態の連続を表し、清音と濁音によって物体の重さの相違（清音→軽い、濁音→重たい）を区別している。また、「からっ→瞬時停止」「からり→こもる・まとまる」「からん→響く・はねる」などのように、語尾の形によって、物事の様々な状態を感覚的に捉えることができる。

表音文字である仮名文字だからこそ、「からから」「がらがら」のように、物事の状態の微妙な相違を的確に表現できるのである。一方、中国の漢詩における畳語の漢字擬態語は、音声や感覚的な要素より、漢字の意味的な要素をベースにして作られたものが多く、状態の細かい差異を表現することが困難である。この表意機能に優れる漢字の意味表示性と表音機能に優れる仮名文字の感覚表示性といった特性によって、漢字擬態語が次第に姿を消す一方で、仮名擬態語が次々と作られていったと考えられる。

しかし、日本語では仮名擬態語が数えきれないほど多く作られていたにもかかわらず、「堂々」「悠々」「続々」「洋々」「飄々」のような畳語の漢字擬態語は今も日本語として使われている。それはなぜなのか。

㈡　現代日本語における畳語の漢字擬態語

中国の古典に使われていた擬態語の一部が、現代日本語としても使用し続けられている理由について、円満字二郎（二〇一二）は次のように指摘している。

中国の古典で多用される擬態語は、熱心に中国古典を読んだかつての日本人たちにも強く印象づけられ、やがて、彼ら自身の文章表現の中でも用いられるようになっていく。――それが、(中略)〝漢字の擬態語〟が日本語の中に溶け込んでいくしくみである。

古代の日本人は、漢字を媒体として中国の文化や思想を受容していった。そうした中で、中国に行ったことのない日本人にとっては、擬態語の音的要素を把握することが難しく、もっぱら擬態語の「意味」やその「意味」によって連想される「イメージ」を理解しつつ、日本語の中に取り入れていったと考えられる。現代日本語では、「歴歴」「繊繊」「迢迢」などの姿が消え、それぞれ「ありあり/くっきり/はっきり」「ほっそり」「はるかに」に取って代わられたが、「堂々」「悠々」「切々」のような抽象的、重層的なイメージや状態を表す擬態語は、代替できる和語を見出すことが難しく、今日でも使い続けられているのである。これらの漢字擬態語は、漢詩漢文など中国文化の日本伝来に伴って、漢字熟語や故事成語などと同様に、日本語の一部として血肉化していった。そして、畳語の漢字擬態語と同じ構造の日本語も数多く作られていった。

熊谷忠三郎(一九七三)は、『言海』に収録された三万九千語の中から、「唯々」「殷々」「往々」など音読みの畳語(合計百八十語)、「青々」「粗々」「生々」など訓読みの畳語(合計三百二十語)を抽出した。ただし、「淡々=たんたん(音)/あわあわ(訓)」のように、音訓とも提示している語が幾つかある。これらの熟語は漢字擬態語と同じ構造を呈しているが、その多くは和製漢語である。その中の今日でも使われている語の一部を以下に挙げておく。

【音読熟語】

唯々、炎々、往々、嬉々、燦々、散々、再々、種々、重々、粛々、徐々、切々、楚々、早々、続々、代々、淡々、段々、遅々、着々、訥々、堂々、喃々、日々、年々、別々、満々、脈々、面々、綿々、黙々、悶々、悠々、洋々、

楽々、磊々、爛々、凛々、縷々、烈々

【訓読熟語】

青々、淡々、飽々、粗々、荒々、生々、嫌々、苛々、色々、浮々、浦々、各々、数々、軽々、個々、粉々、細々、交々、懲々、先々、屡々、沁々、隅々、擦々、度々、近々、次々、常々、共々、長々、粘々、伸々、晴々、久々、広々、深々、前々、益々、世々、別々

右の熟語のうち、例えば、「段々→だんだん」「苛々→いらいら」「屡々→しばしば」のように、現代日本語では漢字の姿が消えたものもあれば、「生々→いきいき／生き生き」「伸々→のびのび／伸び伸び」「晴々→はればれ／晴れ晴れ」のように、漢字表記は残ってはいるものの、送り仮名が添えられ、漢字のみの反復ではなくなっているものもある。いずれにせよ、日本語の中に畳語の漢字擬態語と同じ構造の熟語が数多く存在している。

(三) 漢字擬態語と和語の形容詞の繋がり

漢字擬態語を見渡すと、和語の形容詞との関連を見出すことができる。熊谷忠三郎は、日本の古書に用いられた畳語を抽出し、「忌々し」「角々し」「仰々し」「騒々し」「瑞々し」「物々し」「漸々《やや》に」などの形容詞と副詞を挙げている。この中には、例えば「漸々」は中国語の畳語をそのまま使っているが、ほかの語の多くは和語に漢字を当てたり、漢字の表意性を借りたりしたもので、日本的に作られたものと考えられる。ただし、当てられた漢字の意味から形容詞の意味を推測できるという点においては、漢字擬態語の作り方と類似している。これらの古語と前述の【音読熟語】【訓読熟語】を併せて考えると、現代日本語における形容詞の中には「忌々しい」「仰々しい」「瑞々しい」「初々しい」「若々しい」「物々しい」「猛々しい」「憎々しい」「清々しい」「神々しい」「刺々しい」「女々しい」「痛々しい」「弱々しい」「由々しい」「華々しい」「図々しい」など「畳語＋しい」という構造の言葉が数多く

けることに気づく。この現象からは、和語の形成過程においては、漢詩漢文をはじめとする中国の漢字文化の影響を強く受けた経緯を垣間見ることができる。漢字・漢語を受け入れて、日本語の一部として定着させていったからこそ、今日の日本語の中にも中国の古典に使われた言葉の姿を見ることができるのである。

では、漢字擬態語と仮名擬態語を用いて、どのような漢字・語彙指導法を考案できるのか。次節では、漢詩における漢字擬態語に着目した漢字・語彙指導法を提案する。

四、漢字擬態語に着目した漢字・語彙指導法

【単元名】漢字擬態語と仮名擬態語を比較してみよう

【授業対象】高校一年生

【授業科目】国語総合

【配当時間】二時間

【学習材】漢詩「古詩十九首　其の十」、「黄鶴楼」、「賦得古原草送別」

【単元目標】

①漢字や漢語の構造に対する理解を深める。

②漢詩における漢字擬態語の表現効果を理解し、今日でも使われている漢字擬態語について考える。

③漢字擬態語と仮名擬態語の表現効果を比較することで、和語と漢字の特質に対する理解を深める。

④和語の形容詞「畳語＋しい」の構造と漢字擬態語の畳語構造の繋がりを理解し、日中漢字文化の融合と日本語の成り立ちに対する認識を深める。

⑤漢和辞典やオノマトペ辞典を活用し、辞書の調べ方を再確認する。

【授業の展開】

◆第1時

①導入として、「森」「磊《らい》（石が重なっているさま、心が大きく、小さい事にこだわらないさま）」「淼《びょう》（広々と広がる水、水面などの広く果てしないさま）」「焱《えん》（ひばな、ほのお、火が盛んに燃え上がるさま）」「轟《ごう》（車、雷鳴、爆発などの大きな音、とどろき、大きな音が鳴り響くさま）」のような同じ漢字が三つ重なる会意文字を提示し、個々の漢字の意味について考えさせる。

これらの用例のうち、「森」「磊」「轟」は日本語の漢字として今日でも使われているが、ほかの漢字は姿を消している。しかし、字音や字義が分からなくても、意味の分かる漢字が三つ重なるという字形構造を見るだけで、それぞれの漢字の字義（多いさま、重なるさま）を推測したり理解したりすることができる。これらの用例を通して、漢字の表意性を再認識させ、文字を重ねることで、「多い、重なる」という状態を表すことができるといった漢字の字形と字義の関連性について理解させる。

②「古詩十九首　其の十」を用いて、畳語と漢字擬態語の概念や特徴およびその表現効果について説明し、次のように、「黄鶴楼」と「賦得古原草送別」における漢字擬態語を現代語に訳させる。

例えば、

白雲千載空悠悠（白雲は千年もの間、空しく――――と流れつづける）

晴川歴歴漢陽樹（晴れ渡った川のむこうに、――――と見える漢陽の樹々よ）

芳草萋萋鸚鵡洲（芳しい若草が――――鸚鵡洲よ）

この課題では、「悠悠」以外の漢字擬態語は仮名擬態語に訳されることが予測できる。ここでは、漢字擬態語による表現効果と仮名擬態語による表現効果の相違について考えさせる。
③漢字擬態語と仮名擬態語が共存する理由、および漢字と仮名のそれぞれの特質について考えさせる。

◆第2時

④仮名擬態語を五個ずつ挙げさせ、それぞれの語形（繰り返し、清音・濁音、語尾の形など）と意味の関連性について考えさせる。
⑤挙がった仮名擬態語を漢字擬態語に置き換えることができるかどうかを考えさせ、仮名擬態語と漢字擬態語の特徴を確認させる。
⑥三、四人を一つのグループとし、辞書などを活用しながら、日本語の「畳語＋しい」の構造の言葉を集めさせる。
⑦グループ活動で収集した「畳語＋しい」の言葉の特徴を考えさせる。例えば、「若い」と「若々しい」、「弱い」と「弱々しい」はどう違うのか。
⑧和語と漢字の繋がり、日本語における漢字・漢語の影響について考えさせる。
⑨本単元の内容を総括し、感想を書かせる。

五、おわりに

漢詩漢文教材は古代中国の文学や思想として取り上げられることが多い。学習者は漢文学習の意義を理解しないまま、漢文法や書き下し文をひたすら暗記させられることも少なくない。しかし、本章で述べてきたように、漢詩漢文の中に日本語の成り立ちやルーツを探ることができるだけでなく、漢字漢語の特質を認識し日本人が漢字漢語を日本語として受け入れていった経緯を垣間見ることができる。漢詩漢文の学習はまさにいまに生きる日本語を理解するための重要なカギの一つである。

パソコンやスマートフォンなどの情報機器の普及に伴って、漢字への認識が年々変わっている。「鬱」「籠」「彙」のような字形の複雑な漢字を「カッコいい」と思う若者が増える一方で、漢字を書けない人も増加し続けている。漢字を手書きする時代から器械で打つ時代になった今日では、漢字の見た目の美しさにとどまって、漢字の中身を考えずに使っている人も少なくない。

本章の冒頭で引用した学習指導要領の内容の通り、教育現場では、漢字の深みと表現の広がりに対する認識や、日本語における漢字・漢語の役割と特質に対する理解を深化させるような指導の工夫が求められている。今回提案した漢字・語彙指導法はその切り口の一つに過ぎない。今後も従来の「漢字の読み書きを覚える」「ことばを丸暗記する」といった受動的な学習スタイルから「漢字やことばを考える」「漢字やことばで表現する」といった能動的な漢字・語彙学習スタイルへの転換を図り、実践しながら効果的な漢字・語彙指導法を模索していきたい。

注

(1) 石川忠久(一九八九)は「春草」と「離別」の関連について、「王様の孫(実は屈原をさす)は春の草の萋萋と茂る時分に遊びに出たまま帰って来ない、の意で、春草が無情に生い茂るのと離別の悲しみとがうまく溶け合い、感傷的な気分が漂うのである」と説明している。

参考文献

阿刀田稔子・星野和子(一九九三)『擬音語・擬態語使い方辞典』創拓社
石川忠久(一九七五)『漢詩の世界―そのこころと味わい』大修館書店
石川忠久(一九八九)『漢詩の風景―ことばとこころ』大修館書店

円満字二郎（二〇一二）『政治家はなぜ「粛々」を好むのか―漢字の擬態語あれこれ』新潮社
王岑伯（一九三四）『疊語』新華印書館
熊谷忠三郎（一九七三）『畳語の研究』創文社
花房英樹（一九七四）『文選（詩騒編）四』集英社
星野和子・丸山直子編（一九九三）『日本語の表現』圭文社
松浦友久（一九七二）『中国詩選三―唐詩』社会思想社

■付記■
本章は、拙稿「漢字擬態語と仮名擬態語に着目した漢字・語彙指導―漢詩を通して―」（『日本語学』二〇一五年四月臨時増刊号、明治書院）を修正・加筆したものである。

第三章

『荘子』に典拠をもつ「井蛙」表現
――故事成語の日本語化――

田鍋　桂子

一、はじめに

太宰治『津軽』[1]の一節に、

寒々した東北の漁村の趣は、それは当然の事で、決してとがむべきではないが、それでゐて、井の中の蛙が大海を知らないみたいな小さい妙な高慢を感じて閉口したのは私だけであらうか。

と「井の中の蛙が大海を知らず」を応用した一文が書かれるのをはじめ、岡本綺堂「青蛙神」（『青蛙堂鬼談』所収）の冒頭部分に、

話の順序として、まずこの差出人の青蛙堂主人について少し語らなければならない。井の中の蛙という意味で、井蛙と号する人はめずらしくないが、青いという字をかぶらせた青蛙の号はすくないらしい。

と「井蛙」を号とすることについての言及がある。こうした『荘子』に由来する語句の用例は今日に至るまで少な

くない。

本章では、『荘子』を出典とする「井蛙以て海を語らず」あるいはその変形と認識される「井の中の蛙大海を知らず」に代表される種々の表現を「井蛙」表現と呼び、この表現を取り上げる。故事成語である「井蛙」表現がことわざ的な表現から慣用句的な表現まで様々なバリエーションを持つことを通史的に検証し、日本の伝統的言語文化の中での外国文化の受容、日本語化の例であることを考察する。そのため、井蛙表現の語形、典拠の取り扱いについて、諺辞書を含む日本語を対象とする辞書を通史的に調査した（資料）。辞書の形態が多様なため、見出し語に限らず、語釈中に記載されている語形も調べた。

二、故事成語とことわざ・慣用句

故事成語とことわざ、慣用句は自然とできた命名であって、体系的な分類ではない。これらの表現は、比較的決まった言葉の組み合わせという点のみが共通し、他は別観点からの分類である。その結果、一般的な感覚では慣用句ともことわざとも故事成語とも言える表現が多く存在する。

故事成語とことわざ・慣用句の定義についてはこれまで日本語学の立場から多くの研究がなされてきたが、決定的なものはない。[2] そのため、本章では基本的に宮地（一九九九）、石田（二〇一五）に拠って、以下のように定義する。

ことわざ、慣用句は二語以上から成る句や文である。慣用句については、語句が比較的緊密に結びつき、比喩的・象徴的に用いられ、全体としても派生的な意味を持つ成句とする。とりわけ、ことわざは歴史的・社会的に安定した価値観を持つ。また、本章においては、故事成語は中国の古典籍に典拠がある表現であり、ことわざ、慣用句の両方に存在すると考える。さらに、二字以上の漢語も含むという立場をとる。

ことわざと慣用句の境界は曖昧であるが、ことわざは文化の中で歴史的に安定した価値観を表明したり、人を諌めたりする機能を持つ一方、慣用句は事態や属性、性質をそのまま描写することが多い。ここから、ことわざは文の形をとることが多く、慣用句は句や複合語の形をとることが多い。

この特徴は絶対的でなく、右のようなことわざ、慣用句ではない表現も存在する[3]。

三、成句と「井蛙」表現

興味深いのは『新刊節用集大全』（一六八〇）の記載である。

井中蛙《いのうちのかはづ》不《ず》レ知《しら》二大海《だいかいを》一［井中蛙不知大海］日本ノ俗語也

通史的な表現形式のバラエティをみるとき、ここに辞書で初めて「井の中の蛙大海を知らず」の漢文が確認できる。辞書においては、この外、一類から四類までの表現が見られた（資料一[4]）。

一類　「井の中の蛙大海を知らず」系

二類　「井の中の蛙」系

三類　「井蛙」系

四類　「井蛙の見」系

一類は例が少ない。一方、短い句の形式、または語の形式である二類、三類、四類が多い。書き言葉の上では一類だけでなく、二類、三類、四類の表現が存在した。ことに二類が多く、定型的な表現である。これらの表現のバラエティから、「井蛙」表現はいわゆる定型の形を持った成句の中では極めて自由度が高いと言える。

『荘子』を出典とする「井蛙」表現は故事成語である。該当する典型的表現は、第一に訓読文が考えられる。また、原文そのままの表現「井蛙」である三類も含めて良いかもしれない。また、文の形をとり、助動詞「ず」で終わる一類「井の中の蛙大海を知らず」は典型的なことわざの表現形式である。しかし、二類の「井の中の蛙」系の表現、四類の「井蛙の見」系などは句形式で慣用句的な表現である。したがって、「井蛙」表現は、典型的なことわざから慣用句的な表現まで様々な表現形式を持つ故事成語であることが指摘できる。(5)

一類を記載した辞書が少ないのは、まずは、辞書に句や文が記載しにくいためであろう。しかし、散文・韻文資料（日本漢文含む）を見ても一類は多くはない。田鍋（二〇一六）で調査した文献類の中では一類に該当するのは二例である。参考として一類から四類までの例を挙げる。

一類「井の中の蛙大海を知らず」系

①手島建輯『朝倉雑話《ちょうそうざつわ》』巻上（一八〇六）

学問《かくもん》の楽あること知《し》らぬも宜《むべ》之。井《い》のうちの蛙《かわづ》大海《たいかい》を知《し》らずとかやにて。楽も境界《きやうがい》によりて替《かわ》るものなれば。境界違《ちが》へば何事も議《はかり》知《し》りがたきもの之。

②ツカダ・キタロウ『山櫻』（一九三六）

井の中の蛙大海を知らず、とか。

實際井の中の蛙の諸君には、世間の苦勞や不幸は判らないのであります。

二類「井の中の蛙」系

③室鳩巣『楠諸士教』序文（一九六二）

況《イワンヤ》少々の所帯を持て高躰《タカキテイ》の振廻を致すは、偏《ヒトエ》に井の中の蛙《カワズ》にて、昔より和漢ともに世間を広く見、人情を能《ヨク》存ジ候者。

三類　「井蛙」系

④　鈴木牧之『秋山記行』（一八二八）

拙《うら》は今としは井戸蛙《げいる》のやうに里へは一度も出なんだと答ふ。

四類　「井蛙の見」系

⑤　松浦静山『甲子夜話』巻十四（一八二一〜）

都人は今普通の花火を大造《たいさう》なること、と思へるは井蛙の見なり。

田鍋（二〇一六）でも述べたように、井蛙表現は江戸後期には幅広い地域・階層に行き渡り、その概念が浸透していた。「井蛙以て海を語らず」あるいはその変形の「井の中の蛙、大海を知らず」という表現を用いずとも、意味の通じる下地が十分にあった。書き言葉では完結な表現が求められる。人を諌め、真理を語ることわざ的表現よりも、その状態や性質を単に表す慣用句的形式の方が表現として使いやすい。

また、辞書の記載状況を見ると、初期に一類が多く、江戸後期の節用集類から慣用句的表現が増える。短い句の方が記載されやすく、模倣されやすい辞書の特徴ともあいまって二類から四類の語が一般化していったと推測される。

四類の「井蛙の見」については、調査資料中では『漢語字類』で「井蛙の見」が初めて記載され、そののち漢語辞書と国語辞書に記載されていく。『日本国語大辞典』（第二版）では「井蛙の見」の初出として『椿説弓張月』（一八〇七〜十一）の拾遺を挙げており、表現としてはすでにあった。しかし、田鍋（二〇一六）で指摘したように、「井蛙」表現は江戸末期から明治にかけて時事的用語として特別な言葉であった。官報を読むための漢語辞書に記載されたことは「井蛙の見」という日本で作られた表現が広まっていく一つの契機となったのだろう。

「井蛙」表現の自由度の高さとして、さらに語彙と統語的特徴が挙げられる。石田（二〇一五）は慣用句によって、語彙形式、統語形式、意味形式に違いがあることを指摘している。二類、四類の表現を見てみると、語彙形式にバリエーションがあり、様々な修飾語を許容するという特徴がある。

二類の「井の中の蛙」系には七種類の表現形式が存在する。

井のうちの蛙、井のなかの蛙、井のそこの蛙

井戸の中の蛙、井底の蛙、井の中のかわず、井の中のかえる

また、三類の「井蛙」系にも「井底蛙」などが見え、四類の「井蛙の見」には、後にあげる用例⑥のような「井蛙の管見」という表現も存在する。全てに必ず出現する語は、「井」と「蛙」の二語（二字）のみである。慣用句的な井蛙表現はこの二字以外であれば語の入れ替えができる。[6]

さらに、散文・韻文テキストにおいては、語を付加する例もある。

「井蛙の管見」[7]

⑥ 立花政一郎「井蛙天話」（一八六八）

井蛙ノ管見ヲ以テ窺カニ之ヲ伺ヘハ尚未ダ第一等ノ先務ニ於テ恐クハ欠點アルガ如シ[8]

「井中の蛙夫」

⑦ 十方庵敬順『遊歴雑記初編』

御城下町なく命根《メイコン》をやしなふの要脚、容易事《タヤスキコト》にあらず、（中略）江戸一円分水の埋樋を、若《モシ》引股近在の井中《セイチウ》の蛙夫《アフ》に見せたきもの也、

「井底痴蛙」

⑧頼三樹三郎「獄中ノ作」（一八五九）

井底痴蛙　過二憂慮一
天辺大月　欠二高明一

⑨読売新聞投書（一九一〇年一月二十三日）

天文台の望遠鏡より見たる天空も井底の痴蛙に映ずる青天も無限の宇宙よりせば其等差を論ずるいとまがなからう（旅の徳山）

「井蛙固陋の見」

⑩大槻文彦『廣日本文典別記』（一八九七）

他國の言語を究めもせず、比べもせずして、井蛙固陋の見もて、ひたふるに自尊のみするは、心なし。（序論）

造語が容易な漢語である点は考慮が必要だが、井蛙表現は、統語的にも自由度が比較的高いといえる。

四、『荘子』における「井蛙」の記載

次に『荘子』を出典とする記載から考察する。

《荘子《そうじ》》「秋水」篇

北海若曰、井蛙不レ可三以語二於海一者、拘二於虚一也。夏虫不レ可三以語二於氷一者、篤二於時一也。曲士不レ可三以語二於道一者、束二於教一也。今爾出二於崖涘一、観二於大海一、及知二爾醜一。爾将可三与語二大理一矣。

〔北海若《ほっかいじゃく》曰く、井蛙には以て海を語るべからざるは、虚に拘《かかわ》ればなり。夏虫《かちゅう》には以て氷《こおり》を語るべからざるは、時に篤《あつ》ければなり。曲士《きょくし》には以て道を語るべからざるは、教えに束《つか》らるればなり。今爾《なんじ》は崖涘《がいし》を出でて、

大海を観、及《すなわ》ち爾の醜を知れり。爾将に与に大理を語るべし。」

黄河が一番大きいと思っていた黄河の神である河伯が初めて海へ行ってその大きさに驚いたところ、北海の神である若が「井戸の中の蛙に海のことを話してもわからないのは狭い環境に囚われているからだ。視野・見識の狭いものには、真理を説いてもわからない。それはありきたりの教えに縛られているからだ。今、あなたは狭い川を出て大きな海を見て、あなた自身の愚かさを自覚した。だからあなたは大きな真理を語ることができるようになった」と河伯に語った話が出典である。しかし、日本語の表現においては、「井の中の蛙は海を語ることはできない」という部分が抜き出される。中国の自然や神の要素は欠落することは後述する辞書類の記載に明らかになる。これらの欠落は結果の選択も産む。河伯は海を見て大理を語ることができるようになった、というプラスの結果は表現として選択されない。

また「夏虫不レ可三以語二於氷一者」という表現は、「井蛙」表現と同等の比喩の技法、意味、表現価値を持つ類句である。しかし、この類句を収めている日本語の辞書類は少ない(9)。

五、荘子と「井蛙」表現

「井蛙」表現が記載された辞書の典拠の取り扱い方について考察する。

①『新刊節用集大全』(一六八〇)

荘子ニ曰埳井ノ蛙謂テ二東海ノ海鼈ニ一曰ク吾楽ミ至レリ矣東海ノ鼈告ルニレ之以ス二東海ノ之大ナル楽シ一埳井ノ蛙適々然トシテ驚キ規々然トシテ自失ス也嫘本朝俗語　殆ト本ツク二乎此ノ故事ニ一也

②『増補俚言集覧』(一八九九)

〔和漢古諺〕 荘子井蛙不レ可三以語二於海一也拘二於虚一也、諺草、後漢書」

③『増補語林倭訓栞』（一八九八）

ゐのうちのかへる

荘子に井蛙不レ可三以語二於大海一と見えたり

④『俚諺大辞典』（一九三三）

井《ゐ》の中《なか》の蛙《かはづ》

〔荘子〕「井蛙不レ可二以語一レ於海、拘二於虚一也」。〔本朝文粋〕「井蛙淺心勿迷二三千尺之激浪一、蛙有二曲井一不レ知二滄海之寛一、大載云、不レ舛二高山一不レ知二天之高一、不レ聞二先生之道一、不レ知二學問之大一也。」〔後漢書〕

馬援傳「馬援謂レ囂曰、子陽井底蛙耳、而妄自尊大」。

⑤『作文新辭林』（一九〇五）

せいあのけん　井蛙の見　荘子に井蛙は以て海を語るべからずとあり

⑥『広辞林』（新訂版）（一九二五）

せい-あ〔井蛙〕（名）井底の蛙の説、荘子に「井蛙不レ可三以語二於海一」とあり

⑦『辞苑』（一九三五）

せい-あ〔井蛙〕（名）荘子の秋水篇に、「井蛙不レ可三以語二於海一」とあるに基づく

⑧『大言海』（一九三二）

せい-あ〔井蛙〕

荘子、秋水篇「井蛙不レ可三以語二於海一」

⑨『修訂大日本國語辞典』（一九三九）

せい-あ〔井蛙〕荘子、秋水「井蛙不レ可三以語二於海一者、拘二於虚一也」

江戸前期に三種、江戸後期から明治にかけての国語辞書に五種、大正から昭和にかけて六種に記載されていた。諺の専門辞書及び百科辞書的性質を帯びてくる大辞典系列に記載されやすく、語の解説がない節用集、漢語辞書類には基本的には記載されないなど辞書の性格に拠る部分が大きいことが前提にあるが、「井蛙」表現を記載する辞書の多さから見ると、原典の文言まで記載している辞書は極めて少ない。原典が記載されていないということは、裏を返せば、日本で作られた日本語化した表現のみが記載されていることになる。つまり中国古典の表現が正しくはどうかという観点よりも日本語の表現としての一般性を重んじたということである。

このことは典拠の明示の仕方についても言える。荘子の引用である点を明記した辞書は、上述の九種に加えて、以下の二種であった。

⑩『和漢音釈書言字考合類大節用集』（一七一七）

荘子　漢書　活法

⑪『永代節用集』（一八五〇）

荘子小見謂（い八）

二種の辞書は荘子に出典があることのみ示している。原典の文言は記載しない。一方、荘子以外の典拠を挙げている辞書もわずかながらある。諺類の専門辞典である『諺草』、『俚諺大辞典』に「後漢書　馬援傳」、『増補俚言集覧』に「後漢書」を挙げる。一般的な日本語の中では、「井蛙」表現といえばまずは「荘子」という認識が伝統的に強固であったのだろう。

六、結　論

「井の中の蛙、大海を知らず」に代表される「井蛙」表現の語形について日本語を対象とした辞書を中心に通史的に見た。典型的なことわざの表現形式の他に慣用句的な表現形式も三類存在した。

「井蛙」表現は故事成語であり、ことわざ的表現、慣用句的表現を自由に行き来する表現である。「井蛙」表現は、定型的表現でありながらも、「井（戸）」と「蛙」の二種の語を核とし、それ以外は類義語の入れ替えを許容する。修飾句や新しい表現を許容する自由度の高い表現であった。

故事成語は言うまでもなく古代中国文化、古代中国語の上にある表現である。それが日本へ移入後、日本文化、言語との接触によって、あるものは淘汰され、あるものは受容され、また変容を遂げてきた。故事成語が書き下しのままの表現形式で維持されていない「はざま」の言語表現にこそ、様々な日本語化、ひいては日本文化「化」の様相が見られる。「井蛙」表現はその典型的な一例と言える。

【資料一】

成立または刊行年	書名	井蛙表現	語形式	荘子書名	典拠本文	夏虫	荘子以外の典拠
934 頃	和名類聚抄（源順）	なし	なし	1	1	1	0
1603	日葡辞書（イエズス会）	Xeiteino cairu. Xeiteino cairu daicaiuo xirazu.	1	0	0	0	0
1645	毛吹草（松井重頼）	井のうちのかへる大かいをしらす	1	0	0	0	0
1656	世話尽（世話焼草）（皆虚）	井《キ》の内乃蛙《カハヅ》大海《ダイカイ》をしらず	1	0	0	0	0
1680	新刊節用集大全（恵空）	井中蛙《いのうちのかはづ》不《ず》知《しら》大海《だいかいを》	1	1	1	0	0
1695	世話重宝記（俗語故事談）（吉野屋治郎兵衛）	井《キ》の内《ウチ》の蛙《カイル》ハ大海《ダイカイ》をしらず	1	1	1	0	0
1699	諺草（貝原好古）	井の中乃蛙《カイル》大海をしらず	1	1	1	0	1
1717	a 和漢音釈書言字考合類大節用集（槙島昭武）	井底蛙《キノモトノカハヅ》	2	1	0	0	0
1733	a 悉皆世話字彙墨宝	井　蛙《イノウチノカヘル》不知大海《ダイカイヲシラズ》	1	0	0	0	0
1770	a 早引節用集	井中蛙《イノウチノカハヅ》	2	0	0	0	0
1776	a 早引節用集（擄梧散人）	井中蛙《イノウチノカハヅ》	2	0	0	0	0
1786	譬喩尽《タトエヅクシ》（松葉軒東井）	井の中の蛙大海を不知	1	0	0	1	0
1797	諺苑（太田全斎）	井ノ中ノ蛙大海ヲシラズ	1	1	1	0	0
1814	a 早引節用集（十拙散人）	井中蛙《イノウチノカヘル》	2	0	0	0	0
1827	a 大全早引節用集	井中蛙《イノウチノカハヅ》	2	0	0	0	0
1836	a 懐宝節用集（八々翁香実）	井中蛙《イノウチノカハヅ》	2	0	0	0	0
1843	a 早引節用集	井中蛙《イノウチノカワヅ》	2	0	0	0	0
1844	a 数引節用集	井中蛙《イノウチノカハヅ》	2	0	0	0	0
1849	a 新いろは節用集大成	井中蛙《キノウチノカヘルハ》不知大海《タイカイヲシラズ》	1	0	0	0	0

1850	a 永代節用集（山崎久作）	井 底 蛙《ヰノモトノカワヅ》	2	1	0	0	0
1862	a 早引節用集（據梧散人）	井 中 蛙《イノウチノカヘル》	2	0	0	0	0
1867	和英語林集成（ヘボン）初版	I no naka no kawad	2	0	0	0	0
1868	b 新令字解（荻田嘯）	井蛙《セイア》	3	0	0	0	0
1868	b 日誌必用　御布令字引(黙山四方茂萃)	井蛙《セイア》　井ノ内ノ蛙《カワツ》	3	0	0	0	0
1869	b 漢語字類（庄原謙吉）	井蛙之見《セイアノケン》	4	0	0	0	0
1869	b 布令必用　新撰字引（松田成己）	井蛙《セイア》	3	0	0	0	0
1869	b 増補新令字解（荻田嘯）	井蛙	3	0	0	0	0
1870	a 早字引集	井蛙之見《セイアノケン》 井 蛙《ヰノカハヅ》之見《ミル》	4	0	0	0	0
1870	a 大全早引節用集（積翠陳人）	井 中 蛙《イノウチノカバツ》	2	0	0	0	0
1870	b 新撰字類（松屋貫一）	井蛙《セイア》	3 4	0	0	0	0
1870	b 漢語便覧（梅岳山人）	井蛙之見《イノウチノカワヅ》	4	0	0	0	0
1870	b 増補新令字解（荻田嘯編　東條永胤　増補）	井蛙《セイア》　井蛙之見《セイアノケン》	3 4	0	0	0	0
1871	b 布令字弁	井蛙《セイア》	3	0	0	0	0
1871	b 漢語便覧（横山監）	井蛙《セイア》	3	0	0	0	0
1871	b 大全漢語解（岩井久真）	井蛙之見《セイアノケン》	4	0	0	0	0
1872	b 新撰字解（中村守男）	井蛙之見《セイアノケン》	4	0	0	0	0
1873	b 世界節用無尽蔵（横尾謙七）	井蛙《セイア》　井蛙之見《セイアノケン》	3 4	0	0	0	0
1873	b 漢語二重引（萩原乙彦）	井蛙《セイア》	3	0	0	0	0
1875	a 開化節用字集（宇喜田小十郎）	井蛙《セイア》　井蛙之見《セイアノケン》	3 4	0	0	0	0
1878	a 新選伊呂波字引大全	井 中 蛙《ヰノナカノカハヅ》	2 3	0	0	0	0

1878	a 雅俗節用集（青木輔清）	井底蛙《ヰノモトノカワヅ》	2 3	0	0	0	0
1879	必携熟字集（村上快誠）	井蛙《セイア》	3	0	0	0	0
1879	必携熟字集（村上快誠）	井蛙之見《セイアノケン》	4	0	0	0	0
1880	a 大全早引節用集（丹羽駒吉）	井中蛙《ヰノウチノカハツ》	2	0	0	0	0
1888	漢英対照　いろは辞典（高橋五郎）	井蛙之見《セイアノケン》	4	0	0	0	0
1889	a いろは数引節用集（甲斐山久三郎）	井中蛙《イノウチノカイル》	2 3	0	0	0	0
1891	a 早引節用集大全（津田秀林鎗蔵）	井中蛙《イノウチノカハズ》	2 3	0	0	0	0
1892	日本大辞書（山田美妙）	井蛙《セイア》　井底《セイテイ》ノ蛙　井蛙ノ見	2 3 4	0	0	0	0
1896	a 新撰日本節用（内山正如）	井底蛙《ヰノソコノカワヅ》	2 3	0	0	0	0
1898	帝國伊呂波節用大全（山田美妙）	井底蛙《ヰノウチノカハヅ》	2	0	0	0	0
1898	増補語林倭訓栞（谷川士清・井上頼圀頭注）	ゐのうちのかへる	2	1	1	1	0
1898	ことばのいづみ（落合直文）	井蛙《セイア》　井底の蛙《セイテイノカハヅ》　井蛙の見 井の中の蛙《ヰノナカノカハヅ》	2 3 4	0	0	0	0
1899	増補俚言集覧（太田全斎・井上頼圀増補）	井の中の蛙大海をしらず	1	1	1	0	1
1905	作文新辭林（畠山健一）	井蛙の見《セイアノケン》	4	1	1	0	0
1909	俚諺類纂（熊代彦太郎）	井の中の蛙大海を知らず	1	0	0	1	0
1911	辞林（金沢庄三郎）	井蛙《セイア》　井蛙の見《セイアノケン》　井底《セイテイ》の蛙	2 3 4	0	0	0	0
1912	新式辭典（芳賀矢一）	井蛙《セイア》　井底《セイテイ》の蛙　井の中のかはづ	2 3	0	0	0	0
1915	ローマ字で引く國語辭典（福原麟太郎・山岸徳平）	Seitei-no-kawazu 井蛙	3	0	0	0	0
1925	広辞林（金沢庄三郎）	井蛙《セイア》	3	1	1	1	0

1932	大言海（大槻文彦）	井蛙《セイア》　井の中のかはづ　井底の蛙	2 3	1	1	1	0
1933	俚諺大辞典（中野吉平）	井《ヰ》の中《ナカ》の蛙《カハヅ》	2	1	1	0	1
1935	辞苑（新村出）	井蛙《セイア》	3	1	1	1	0
1939	修訂大日本國語辞典（松井簡治）	井蛙《セイア》　井底の蛙《セイテイノカハヅ》　井蛙大海を知らず、井の中の蛙大海を知らず、井蛙の見、井の蛙、井の中の蛙大海を知らず	1 2 3 4	0	1	1	0
1952	ローマ字で引く国語新辞典（上田万年）	sei-a 井蛙	3	0	0	0	0

注

(1) 『太宰治全集』第七巻。『津軽』については、二〇一七年告示『学習指導要領』では採録がないが、一九九八年改訂下の教科書では三社四種、一九八九年改訂下の教科書では二社二種で採録されていた。

(2) 宮城・石井（二〇一五）では、国語教材において取り上げられる諺、慣用句、故事成語類が限定的であるとし、『学習指導要領』の例示の表現に、教科書が強く影響され、典型的な例のみが取り上げられていると指摘する。

(3) 宮地（一九九九）では格言とことわざは峻別されうるものではないとしながら、相対的に言えばことわざは教訓的真実より叙述的事態を内容とすると述べる。本章では区別しない。

(4) 「語形式」の数字の1から4はそれぞれ一類から四類を指す。「語形式」以外の項目の「1」は記載あり、「0」は記載なしを表す。

(5) 「井蛙」表現においては、相手を諌める、訴えかけるという表現（用例①、②等）から、単に一つの場所でじっとしている状態を表す表現（用例④）まで見られる。叙述内容、伝え方の点においても、「井蛙」表現はことわざ的表現から慣用句的な表現まで幅を持つ。

(6) 同様のことは一類のことわざ的表現にも見られる。

(7) 松井（一九九七）で、『新令字解』の「井蛙」は「万々一刀両断之朝裁を以て井蛙管見之僻論を去り先ツ在　廷枢要之御方々より御眼豁に被為成」（『太政官日誌』三号）から採録されたと推測する（二十七頁）。また、『内外新報』の用例も挙げ、「井蛙（の）管見」から「井蛙」が取り出されたと述べる。ただし両用例は「井蛙の管見」であり、類義の「管見」を組み合わせた表現である。『太政官日誌』の上記例は、用例⑥と（成稿は一八六七年十月）でほぼ同時期であり、この時期の井蛙表現の持つ時事性と何かしら関係があろう。少なくとも幕末には「井蛙の管見」が公の文章での使用、上級武士による使用があったと言える。漢語辞書類は「井蛙の管見」という二重の慣用句を避けて「井蛙の見」という見出し語を掲げたとも考えられる。

(8) 田鍋（二〇一六）で記した「されど」で接続する新しい表現形式等は、本章では取り扱わない。

(9) 「井蛙」表現を記載しない『和名類聚抄』が夏虫を記載し「荘子」と記す。その後は近世末期まで記載する辞書はない。『増補語林倭訓栞』で「なつむし　夏虫なり和名抄に荘子を引り」と、初めて『和名類聚抄』が荘子の引用を記載する。また、大辞典系の『大言海』、『修訂大日本國語辞典』は見出し語「なつむし」に荘子の典拠を引用する。『俚諺類纂』は「夏の蟲氷を知らず」「夏の蟲雪を知らず」の二表現を挙げる。『広辞林』が「かちゅう」に「夏に生じて夏の間に死ぬるむし、轉じて、見聞のいと狭き人物に譬へいふ。」、『辞苑』が「かちゅう」に「一夏生じて夏の中に死ぬ蟲。二見聞の狭い人。」と記載する。

「夏虫」に関わる類句は近代に入ってから国語辞書に記載される。「井蛙」表現に比べると少なく、バリエーションも見られない。日本語表現としては、「井蛙」表現ほど定着せず淘汰されていったのであろう。

参考文献

石田プリシラ（二〇一五）『言語学から見た日本語と英語の慣用句』開拓社
田鍋桂子（二〇一六）「伝統的言語文化の受容と変化―『井蛙』の表現を題材に―」『明海大学外国語学部論集』二十八
松井利彦（一九九七）「明治期漢語辞書の諸相」『明治期漢語辞書大系』別巻三、大空社
宮城信夫・石井勉（二〇一五）「我が国のことわざ・慣用句・故事成語の指導について―平成二七年度国語教科書会社五社の比較検討を通して―」文教大学教育学部『教育学部紀要』四十九
宮地裕（一九八二）『慣用句の意味と用法』明治書院
宮地裕（一九八五）「慣用句の周辺―連語・ことわざ・複合語―」『日本語学』四‐一、明治書院
宮地裕（一九九九）『敬語・慣用句表現論―現代語の文法と表現の研究（二）』明治書院

辞書類

『諸本集成和名類聚抄』（索引篇、一九八七、本文篇、一九九一、臨川書店）、『キリシタン版日葡辞書』（勉誠出版、二〇一三）、『毛吹草』（新村出校閲、竹内若校訂、一九七一）、『たとへづくし』（宗政五十緒、一九七九）
『諺苑』（一九四四、養徳社）、『新刊節用集大全恵空編節用集大全　研究並びに索引』（影印篇・索引篇　勉誠社、一九七五）、『ヘボン著　和英語林集成　初版／再版／三版対照総索引』（巻一、二〇〇〇、港の人）
＊資料一の書名にaを付記した辞書は『節用集大系』（大空社）に、bを付記した辞書は『明治期漢語辞書大系』（松井栄一・松井利彦・土屋信一、一九九五‐一九九七）に拠った。

あとがき

　二〇一二年は、芥川龍之介の生誕百二十年、中島敦の没後七十年と相俟って、複数の「古典」とも深い関わりをもつアニバーサリーの年であったといえる。現代日本は、いまだ巨大地震・巨大津波・原発事故という東日本大震災にともなう一連の生々しい体験の渦中にあるが、過去において安元の大火・治承の辻風・福原遷都・養和の飢饉・元暦の大地震といった天下の大事を記していた『方丈記』を鴨長明が執筆し終えたのが一二一二年三月のことであり、その著の成立からは八百年の月日を数えた。さらに五百年を遡った七一二年には、稗田阿礼が誦習していた歴史を太安万侶が筆録・編纂して『古事記』が成り、中国には盛唐の詩人杜甫が生まれた。日本最古といわれる歴史書『古事記』の成立、李白とともに「李杜」と並称される杜甫の生誕からは、まさに千三百年の歳月が流れている。これらの事象が文学的に大きな関心事となり、それぞれに種々の記念のイベントが企画実施され、それらが古典を含めた国文学的な世界との絆を作り、国語科教育の世界に余響を及ぼしてきたことも紛れない事実である。

　現代は、社会のあらゆる分野で総合的な知識が求められる「知識基盤社会」ともいわれる。この「知識基盤社会」ということばは、二〇〇五年一月の中央教育審議会答申「我が国の高等教育の将来像」において、「二十一世紀は、新しい知識・情報・技術が政治・経済・文化をはじめ社会のあらゆる領域での活動の基盤として飛躍的に重要性を増す、いわゆる「知識基盤社会（knowledge-based society）」の時代であると言われている」と述べられたのが国政関係の場で用いられた最初という。技術革新にともなう情報化、グローバル化が進む環境の中で、現代を単なる知識・技術だけでなく、それらを活用した思考力・表現力が、常に要求される社会であると認識することをも意味する。この二十一世紀の社会を生きるために必要な言語能力の育成も必須であり、その環境の中で、「常用漢字表」の改定、学習指導要領の改訂と相俟って、古典の中に占める漢文の教育の果たすべき役割もまた検証・考察されねばならない重要な課題となっている。これらをも踏まえて小・中・高の教育の現場における古典教育のあり方を広く見直すことも肝要であると考える。

二〇一四・二〇一五年度にわたる「古典『漢文』の教材研究」部会の活動は、当時における新しい『学習指導要領』の改訂内容の理解と確認からはじめた。特別研究所員による概要報告を通して共通認識を作った上で、部会構成員それぞれの興味と関心に根差した古典漢文に関する発表と意見交換を展開してきた。部会構成員の多くが現職の中・高の教員であり、日ごろの実践の場での失敗・成功の事例や教学環境を踏まえた教材研究をめぐる取り組みは、各人各様の前向きなアイデアに満ち満ちており、意見交換を通して双方向的に裨益しあうことができた。近い将来教職に就くもの、あるいは留学生にとっても、研究部会での意見の交流は、日本の古典学習の現状を間近く知る上で得がたい機会になった。

発表の中で提案された教材案は、具体的な指摘を視野に入れてさらに実践に活かされ、また論文・実践報告としてもまとめられてきた。本書は、こうした複合化した観点をも意識しつつ研究実践の考察の第一歩として企図したものである。

さらに、二〇一四年度には、金中氏（西安交通大学）の協力を得て、中国詩歌の朗誦の会を開催することができた。学部・大学院生を含めて朗誦による中国詩歌の鑑賞の機会をもち得たことは、異文化理解といった観点からも有意義であり、啓蒙的な役割も果たし得たものと考える。二〇一五年度には、王晶氏・孫莉氏（西安交通大学）による中国における日本語教育の紹介を受けて、日本語教育教材をも含めた日中共同教材の開発の可能性も芽生えてきたことを付記する。さまざまなご批正を頂戴できれば幸いである。

〔研究活動記録〕
＊二〇一四年度
第一回研究会（二〇一四年七月十一日（金）十八時三十分～二十時三十分、十六号館一〇二八室）
① 研究部会の趣旨確認 ② 具体的な研究課題と研究の方法について ③ 研究部会構成員の研究分担について
④ 今後の予定について
第二回研究会（二〇一四年九月十九日（金）十八時～二十一時、十六号館一〇二八室）
①「人虎伝」という古典（漢文）教材を考える―『太平広記鈔』の「李徴」から見えてくるもの―：堀 誠
② 新学習指導要領と小中高の古典教育：林 教子
第三回研究会（二〇一四年十月十七日（月）十八時～二十一時、十六号館一〇二八室）
① 中学校における日中共通漢詩文教材の調査と考察：丁 秋娜
② 暗誦教材の可能性～古文漢文をつなぐもの：政岡 依子
第四回研究会（二〇一四年十一月二十九日（月）十八時～二十一時、十六号館一〇二八室）
①『三国志』を用いた実践指導―故事成語と韻文を通して―：樋口 敦士
② 漢和辞典をつかった漢字教育実践：宮 利政
第五回研究会（二〇一四年十二月十九日（金）十八時～二十一時、十六号館一〇二八室）
① 漢文嫌いと漢字の相関関係の検証―日本人大学生と外国につながる子どもに対する調査結果から―：藤本 陽子
第六回研究会（二〇一五年一月三十日（金）十八時～二十一時、十六号館一〇二八室）
① 漢字擬態語を用いた漢字・語彙指導の試み―漢詩を通して―：李 軍
② 中学及び高校における訓読入門の指導について：手塚さゆり
講演会 中国詩歌の世界を探訪する―朗誦の韻律美の魅力― 講師：金 中（西安交通大学教授）
日時：二〇一四年十一月二十一日（金）十五時～十六時三十分
会場：早稲田キャンパス二十六号館（大隈記念タワー）Ｂ一〇四教室

＊二〇一五年度
第一回研究会（二〇一五年六月二十六日（金）十八時三十分〜二十時三十分、十六号館一〇二八室）
①今後の日程について　堀　誠　②井の中の蛙は何を見るのか：田鍋　桂子
第二回研究会（二〇一五年七月十七日（金）十八時〜二十時三十分、十六号館一〇二八室）
①中国古典の世界から「道徳」を考える：林　教子　②活動報告書に向けて：堀　誠
第三回研究会（二〇一五年十月三十日（金）十八時〜二十時三十分、十六号館一〇二八室）
①天の岩屋戸説話と中国―「長鳴鳥」の鶏鳴をめぐる比較考察：趙　倩倩
②「扇」めぐる日中比較文学的考察：堀　誠
第四回研究会（二〇一五年十一月二十七日（金）十八時〜二十時三十分、十六号館一〇二八室）
①中江藤樹と清水安三―日本人にとっての陽明学―：山中　明
②「葫蘆」と「杖棒」をめぐって：堀　誠
第五回研究会（二〇一六年一月二十二日（金）十八時〜二十時三十分、十六号館一〇二八室）
①西安交通大学の日本語学科について：王　晶・孫　莉（西安交通大学）
②今後の活動について：堀　誠

執筆者一覧

＊堀　　誠　早稲田大学教育・総合科学学術院　教授　博士（学術）早稲田大学（序章・第1部第4章）

山本由紀子　東京都文京区立誠之小学校　教諭（第1部第1章）

宮　利政　開成中学・高等学校　教諭（第1部第2章）

趙　倩倩　早稲田大学教育総合研究所　研究協力員　博士（学術）早稲田大学（第1部第3章）

林　教子　文部科学省　教科書調査官　博士（教育学）早稲田大学（第1部第5章）

井上　一之　群馬県立女子大学文学部　教授（第1部第6章）

樋口　敦士　狭山ヶ丘中学・高等学校　教諭
早稲田大学大学院教育学研究科博士後期課程在学（第1部第7章）

藤本　陽子　至誠館大学ライフデザイン学部　准教授（第2部第1章）

李　　軍　早稲田大学教育・総合科学学術院　非常勤講師
博士（教育学）早稲田大学（第2部第2章）

田鍋　桂子　明海大学外国語学部　専任講師（第2部第3章）

（執筆順　＊は編者）

古典「漢文」の教材研究　［早稲田教育叢書36］

2018年3月30日　第1版第1刷発行

編著者　堀　　誠

編纂所　早稲田大学教育総合研究所
〒169-8050　東京都新宿区西早稲田1－6－1　電話　03（5286）3838

発行者　田　中　千　津　子
発行所　株式会社　学　文　社
〒153-0064　東京都目黒区下目黒3－6－1
電　話　03（3715）1501（代）
ＦＡＸ　03（3715）2012
http://www.gakubunsha.com

印刷所　東光整版印刷株式会社

落丁・乱丁の場合は、本社でお取替えします
定価はカバー・売上カード表示

◎検印省略

ISBN 978-4-7620-2790-1

早稲田教育叢書

早稲田大学教育総合研究所

（本体価格　A5 並製　各 C3337）

30　堀　誠　編著

漢字・漢語・漢文の教育と指導

「ことばの力」の源泉を探究する試み。「読む」「書く」「話す」「聞く」という，漢字・漢語・漢文のもつ根源的な力の発見と，その力を育むための実践的な方法の考案，教材や指導法を提案する。また漢字のもつ歴史，漢語熟語・故事成語の成り立ちとその意味世界，そして訓読による漢語・漢文の理解方法など，さまざまな視点から現実を見つめ直し，漢字・漢語・漢文の世界を多角的に掘りおこす。

● ISBN978-4-7620-2158-9　256 頁　2,500 円

32　三村隆男　著

書くことによる生き方の教育の創造

北方教育の進路指導、キャリア教育からの考察

昭和初期、秋田県を中心に東北地方一円に繰り広げられた綴方（作文）教育運動である「北方教育」を考察し、そこに内在する「生き方の教育」の本質を、進路指導、キャリア教育との関連で明らかにする。キャリア教育実践者、研究者必見の書。

● ISBN978-4-7620-2356-9　192 頁　2,300 円

34　長島啓記　著

基礎から学ぶ比較教育学

日本を含む各国の教育について取り上げ，比較，検討。国や地域は背景に置き，「イシュー」（各国が解決を迫られている課題や論点）を前面にだして比較し問題群ごとに各国の課題を理解しやすくした。

● ISBN978-4-7620-2455-9　242 頁　2,300 円

31　鈴木晋一　編著

数学教材としてのグラフ理論

早稲田大学教育総合研究所の課題研究「中学校・高等学校における離散数学教材の研究と開発」の成果報告の一端。数学を創り上げるという視点から，構成的な要素を補う教材としてグラフ理論を取り上げ，幾何教材と離散数学教材の強化に取り組む。

● ISBN978-4-7620-2253-1　208 頁　2,300 円

33　町田守弘　編著

早稲田大学と国語教育

学会５０年の歴史と展望をもとに

早稲田大学で学んだ教員の実践と研究を交流する場として機能してきた早稲田大学国語教育学会の 50 年の歴史を振り返り、改めて早稲田大学と国語教育との関わりを確認し早稲田大学における国語教育の展開を追跡・検証。その歴史の意味を、大学の教学史的な観点にも立って明らかにする。

● ISBN978-4-7620-2447-4　138 頁　1,500 円

35　小森宏美　編著

変動期ヨーロッパの社会科教育

多様性と統合

社会科教育に期待されることについて各国・地域を比較。東欧の事例から，複雑な状況の中，社会科教育はどのように行われているのか，社会科がどのような科目として位置づけられているのかを明らかにする。

● ISBN978-4-7620-2627-0　134 頁　1,500 円